AF474062

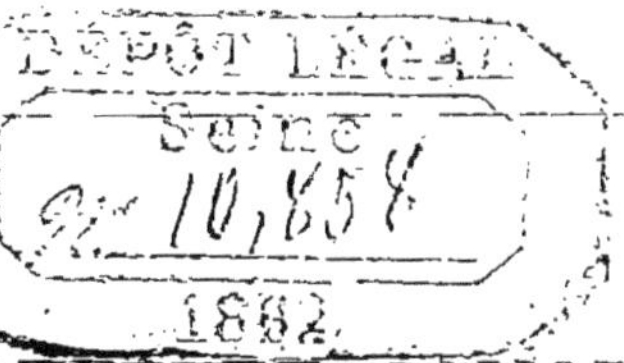

DÉCOUVERTES ET CONQUÊTES
DU
PORTUGAL
DANS LES DEUX MONDES

PAR

LE BARON ÉDOUARD DE SEPTENVILLE

Victrices aquilas alium laturus in orbem.
LUCAN., *Pharsal*, V.

PARIS
E. DENTU, ÉDITEUR
LIBRAIRE DE LA SOCIÉTÉ DES GENS DE LETTRES
PALAIS-ROYAL, 15 ET 17, GALERIE D'ORLÉANS

DÉCOUVERTES

ET CONQUÊTES

DU PORTUGAL

PARIS.—IMPRIMÉ CHEZ BONAVENTURE ET DUCESSOIS,
55, QUAI DES AUGUSTINS.

DÉCOUVERTES ET CONQUÊTES

DU

PORTUGAL

DANS LES DEUX MONDES

PAR

LE BARON ÉDOUARD DE SEPTENVILLE

Victrices aquilas alium laturus in orbem.
LUCAN., *Pharsal.*, V.

PARIS

E. DENTU, ÉDITEUR

LIBRAIRE DE LA SOCIÉTÉ DES GENS DE LETTRES

PALAIS-ROYAL, 13 ET 17, GALERIE D'ORLÉANS

1863

A

Sa Majesté

LE ROI DE PORTUGAL

ET DES ALGARVES

INTRODUCTION

L'histoire du Portugal est indissolublement liée à celle de l'Espagne, puisque les deux peuples réunis forment en quelque sorte la descendance des Ibères, dont l'esprit guerrier et aventureux se retrouve d'ailleurs indistinctement chez tous les habitants de la Péninsule. Nous avons déjà, sous le titre de *Victoires et Conquêtes de l'Espagne*, esquissé le récit des luttes glorieuses soutenues par les Espagnols contre les diverses nations rivales ou dominatrices qui essayèrent de les soumettre et de les asservir.

Le bon accueil qui a été fait à cette publication nous a encouragé à suivre la voie dans laquelle nous sommes entré, en vulgarisant la connaissance des grands événements qui donnèrent tant d'importance à la puissance péninsulaire.

Chaque siècle, en s'écoulant, laisse après lui les traces fécondes du progrès incessant et continuel que le temps apporte dans les conditions de l'existence sociale. Les peuples, barbares à leur enfance, perdent peu à peu la rugosité primitive de leurs mœurs abruptes ; le croisement des races, le déplacement et la fréquentation des nations policées amènent forcément une substitution lente, mais sûre, des principes du droit et de la raison à ceux de la violence et de la force brutale.

Le Portugal et l'Espagne, pays limitrophes et d'origine commune, devaient fatalement, en raison même de leur connexité, se trouver souvent en état d'hostilité réciproque, aux temps d'ignorance où les guerriers les plus vaillants et les plus nobles, esclaves d'un point d'honneur exagéré, vidaient toutes les querelles, même les plus minces, par l'épée, ne connaissant d'autre loi que le fer, qu'une vertu, la bravoure, et qu'un argument sans réplique, la guerre.

Des rivalités jalouses amenèrent de funestes excès et des représailles sanglantes; mais l'histoire des guerres sourdes qui troublèrent si longtemps la tranquillité des deux royaumes, pour aboutir à la domination passagère de l'Espagne sur le Portugal, nous a semblé moins digne d'intérêt que la magnifique épopée qui commença pour le Portugal à l'époque où l'un de ses princes, le célèbre Henri le Navigateur, ouvrit l'ère des découvertes et des conquêtes qui placèrent cette belliqueuse nation au rang de première puissance maritime du monde.

Certes, ce fut une race de héros que celle de ces vaillants Lusitaniens qui parvinrent à anéantir la puissance sarrasine et à élever sur ses ruines fumantes une nation forte et indépendante !

Certes, ce fut un peuple patriote, celui qui, courbé sous le poids de son infortune, forcé d'obéir au vainqueur, surveillé dans ses moindres mouvements, dénué de ressources mais non d'espoir, eut assez de courage pour jurer de recouvrer sa liberté, et assez d'énergie pour la conquérir !

Mais de quels noms saluer ces hardis navigateurs à jamais célèbres qui, méprisant la mort, se riant du danger, sans autre but que celui de se sacrifier pour la gloire de leur pays, allèrent planter l'étendard du Portugal sur des rivages inconnus, et forcer les peuplades du nouveau monde à s'incliner devant le sceptre de la maison d'Avis ou sous l'autorité de celle de Bragance?

Quel glorieux titre n'ont-ils pas mérité, ces rois de Portugal, ces gentilshommes couronnés qui, tenant dans leurs mains le sort et l'avenir de toutes les contrées d'outre-mer, ont su les tirer d'un état de friche improductif, pour en faire une source intarissable de richesses, un Pactole éblouissant, une terre d'abondance où l'Europe entière est venue s'approvisionner? Les vaisseaux partent, sillonnant des mers ignorées, et ils reviennent chargés d'or et de métaux précieux.

On découvre un cap, et ce cap deviendra le lieu de rendez-vous des bâtiments de toutes les nations, l'avant-garde des Indes.

On prend possession d'une île, et cette île,

peuplée de sauvages et couverte d'une végétation luxuriante, deviendra un empire puissant et respecté !

Madère, les Açores, les Indes, ces noms seuls expriment tout une odyssée.

C'est l'histoire de la conquête et du gouvernement des possessions que ces brillantes découvertes donnèrent au Portugal, que nous traitons.

Elle commence en 1400 et se continue jusqu'à nos jours. Pendant ce long espace de temps, les colonies africaines et américaines du Portugal ont été le théâtre de bien des événements ; la politique étrangère y joua un grand rôle, et la Hollande et l'Angleterre purent s'y disputer une influence due à une convoitise sans cesse allumée, et contre laquelle le Portugal eut à lutter sans relâche. C'est un spectacle grandiose et plein d'intérêt que celui des efforts surhumains que dut faire cette noble nation pour obtenir le droit de jouir paisiblement du fruit de ses conquêtes.

Plus elles devenaient importantes, plus elles étaient difficiles à conserver, en raison de l'envie que leur possession excitait. Il faut donc le reconnaître, ces immenses territoires, ces riches contrées, dont le sol fertile recélait des trésors, furent non une source de richesses inépuisables pour le royaume dont ils étaient devenus l'apanage, mais la cause d'une énorme déperdition dans les forces vives de la nation. Il fallait que le Portugal prodiguât sans cesse le plus pur de son sang pour asseoir sa domination sur les terres qu'il avait conquises ; il choisissait ses enfants les plus braves, ses bras les plus actifs, et les envoyait là, sans songer qu'il s'appauvrissait au bénéfice des autres.

L'établissement de la Compagnie des Indes

porta un coup funeste à la puissance portugaise au delà des mers, mais elle se défendit vaillamment.

Chaque pouce de terrain que le Portugal fut dans la nécessité d'abandonner à ceux qui voulaient lui arracher jusqu'à la dernière parcelle de ses possessions, coûta cher aux envahisseurs! Le passage de la dynastie espagnole sur le trône de Portugal fit décroître rapidement la prospérité coloniale, mais la maison de Bragance, en reprenant le sceptre, put en arrêter la ruine et conserver quelques-uns des riches joyaux de sa couronne maritime.

L'histoire du Brésil tient une large place dans celle des colonies portugaises; nous l'avions étudiée avec un vif intérêt, et bien qu'aujourd'hui la Santa-Crux de Cabral forme un État indépendant, il ne doit pas moins être considéré comme essentiellement portugais, puisque c'est grâce aux sacrifices de tout genre que s'imposa le Portugal, grâce à la bienveillante sollicitude de ses rois et surtout au noble désintéressement de Jean VI, que le Brésil a pu être constitué en empire.

C'est à ce titre que l'historique des vicissitudes qu'il subit, antérieurement à sa déclaration d'indépendance, doit trouver place en des pages écrites dans le but d'instruire et d'intéresser ceux qui ne bornent pas leur désir de savoir à la connaissance de l'histoire de leur pays.

Et d'ailleurs, au temps où nous sommes, à une époque où les distances n'existent pour ainsi dire plus, où tout ce qui se passe dans un pays ne peut rester ignoré dans les autres, où le bruit de chaque événement se répercute sur tous les points du globe ; à cette époque de progrès, de science et de civilisation, c'est un devoir d'aider, dans la proportion de ses forces, au triomphe de la vérité.

C'est ce qui nous a engagé, épris et enthousiasmé que nous sommes de tout ce qui est noblesse et courage, à fouiller dans les archives du passé comme dans les fastes du présent, pour y découvrir tout ce qui est digne d'admiration, afin de le mettre en lumière et de le signaler à l'attention de tous.

Or l'histoire des peuples étrangers, écrite à des points de vue opposés, est généralement mal connue en France, où, trop souvent, l'opinion se forme, non d'après une étude approfondie des faits, mais sur tel ou tel écrivain, obéissant à l'esprit de parti.

Que d'actes importants, que d'événements de nature à changer la face du monde, ont été diversement appréciés selon la façon dont les historiens les ont présentés !

Nous qui ne voulons qu'être vrai, et qui

ne savons ni travestir les intentions ni altérer les faits, nous sommes fier de pouvoir dire avec Montaigne : Ceci est un livre de bonne foi !

I

CONSIDÉRATIONS SUR L'ÉTAT DU PORTUGAL AVANT LE XVe SIÈCLE

I

CONSIDÉRATIONS SUR L'ÉTAT DU PORTUGAL AVANT LE XVe SIÈCLE

Si l'on compte l'âge des peuples par le nombre des années écoulées depuis leur origine jusqu'à nos jours, certes le Portugal doit être placé au rang des plus anciennes nations de l'Europe, puisque l'histoire nous a transmis le souvenir des guerres que les Romains portèrent sur le sol péninsulaire et de la domination qu'ils exercèrent sur la Lusitanie.

Mais si, en se plaçant à un autre point de vue, on ne constate que son âge politique, ce n'est guère qu'à partir du XIVe siècle qu'on voit apparaître sur la scène du monde une grande nation douée de toutes les qualités vitales, que mûrissent la science et l'étude, dont la tête est féconde en idées germinatrices, dont le bras est prompt à exécuter, et dont la marche est rapide dans la voie du progrès et de la civilisation. Jusque-là le Portugal avait soutenu une lutte incessante contre des conquérants insatiables qui semblaient s'être donné la mission de le subjuguer à jamais. A partir du moment où il les eut vaincus et chassés, les choses changèrent de face; ce ne fut plus un peuple qui combattit pour assurer son indépendance, ce fut un athlète puissant, rompu au dur métier de la guerre, instruit par l'expérience, habile et courageux, plein de hardiesse et de force, qui ne chercha pas de voisins à inquiéter, de plus faibles que lui à écraser, mais qui s'attaqua vaillamment non à un peuple, mais à tout un monde. Il ne s'agissait plus cette fois d'abattre l'orgueil d'un roi, de disperser une armée ou de saccager une ville : c'était à un continent presque entier qu'il fallait livrer bataille, après l'avoir découvert!

Le but était grand et noble; mais, avant de raconter comment il fut atteint, il faut examiner dans quelles circonstances il se produisit et, pour cela, jeter un coup d'œil rétrospectif sur la situation antérieure du Portugal.

Nous avons dit tout à l'heure que ce fut après avoir vaincu ses ennemis que le Portugal, à son tour, se fit conquérant. En effet, les ennemis ne lui manquèrent pas.

César fut le premier. Malgré l'aide de Carthage, la Lusitanie dut se soumettre à la domination romaine jusqu'à ce que les rois Suèves, chassés à leur tour par les Goths, l'eussent fait cesser.

Mais ce ne furent ni les Romains, ni les Suèves, ni les Goths qui firent de la Péninsule un champ de bataille arrosé de sang pendant près de huit siècles.

Les Maures! voilà les ennemis implacables, acharnés, du peuple catholique par excellence, qui devait tout sacrifier au triomphe de la croix.

L'occupation des Maures fut un fléau terrible pour le Portugal et pour l'Espagne, et elle retarda de plusieurs siècles, en ces contrées, le mouvement intellectuel qui se produisit quand les Arabes, refoulés au fond de l'Afrique, eurent enfin cessé de paralyser, par leur présence, tout progrês et toute civilisation.

Que pouvait faire une nation asservie par un

joug odieux? Combattre sans trêve ni relâche : c'est ce qu'elle fit.

On reste saisi d'admiration, quand on songe à la durée d'une lutte qui se perpétua pendant huit cents ans, et quand on considère surtout dans quelles conditions elle s'effectua.

Les Maures, guerriers par nature, issus d'une race barbare, avaient pour eux la supériorité du nombre et celle de l'autorité absolue que leur procura la bataille de Xérès, dont le gain leur avait assuré la libre possession de la totalité du Portugal. Les Portugais, ainsi que les Espagnols, étaient réduits à quelques bandes disséminées. Qui eût supposé que ces débris épars, que ces unités perdues dans des milliers, parviendraient un jour à se réunir, à se grouper et à s'accroître au point de faire trembler ceux-là mêmes qui, au début, semblaient ne pas se douter de leur existence?

Mystérieux arcanes des desseins de la Providence qui se plaît à déjouer les calculs humains! Cette impossibilité se réalisa et les descendants des Lusitaniens purent voir enfin le dernier des Maures s'enfuir, les yeux en pleurs et le désespoir dans l'âme, de cette terre féconde qu'ils devaient regretter éternellement.

Les Portugais et les Espagnols avaient joint leurs efforts pour arriver à se débarrasser de l'ennemi commun; ils avaient compris que toute question de rivalité, de suprématie, d'intérêt privé, devait disparaître devant la grande, la seule vraiment sérieuse, la question de vie ou de mort de la Péninsule. Toute prétention s'évanouissait, toute rancune s'effaçait devant la nécessité de s'allier, pour triompher des infidèles; mais, à mesure que ceux-ci perdaient du terrain, et que la croix remplaçait sur les cités reconquises l'étendard musulman, l'unité d'action que nous venons de signaler s'amoindrissait entre les rois de Portugal et ceux d'Espagne.

Leurs royaumes respectifs s'étaient reconstruits et consolidés, mais en même temps des germes de discorde s'étaient produits.

Jusqu'à l'avénement d'Alphonse Henriquez, fils du comte Henri de Bourgogne, au trône de Portugal, le pays était gouverné par des rois qui avaient le titre de rois de Léon, de Portugal et de Galice.

Alphonse Henriquez, le Conquérant, premier souverain du royaume proprement dit de Portugal, s'illustra d'abord en Afrique par les prises d'Alcazar, d'Arzilla et de Tanger, puis rendit le pays indépendant de l'Espagne. Le premier ennemi qu'il eut à combattre fut Alphonse VII, roi de Castille et de Léon; il était venu mettre son épée au service de Thérèse, femme du comte de Transtamarre, qui avait rêvé le pouvoir pour celui-ci au détriment d'Alphonse Henriquez, son propre fils.

Or, le roi de Castille, imploré par elle, avait été heureux de trouver le prétexte d'entrer dans le Portugal, qu'il se proposait bien de prendre à l'Espagne; mais Alphonse Henriquez ne lui permit pas de réaliser cet espoir, et après l'avoir battu à Valdever, il l'obligea à abandonner le siége de Guimarens et à retourner dans ses États.

A partir de ce moment, les deux nations furent en état d'antagonisme permanent.

Avant de se donner un roi, le Portugal avait reconnu la suzeraineté des rois de Castille, et leur payait un tribut annuel. Suzeraineté et tribut cessèrent à l'avénement d'Alphonse Henriquez. Il était tout naturel que l'Espagne se résignât difficilement à cet état de choses, aussi fit-elle tous ses efforts pour reconquérir des droits que la nation portugaise n'était plus d'avis de lui reconnaître. De là des attaques et des batailles qui affaiblissaient les deux peuples sans amener aucun résultat. Denis, le sixième roi de Portugal, comprit combien étaient fâcheuses ces dissensions continuelles, et il parvint à les faire cesser en signant avec le roi de Castille un traité de paix, et en lui donnant sa fille Constance en mariage.

Cette paix fut le commencement de l'ère féconde qui allait s'ouvrir pour le Portugal.

L'agriculture, qui jusqu'alors avait été négligée pour la guerre dont les besoins occupaient tous les bras, fut remise en honneur.

Les Maures venaient d'être entièrement expulsés des Algarves, rien ne s'opposait donc à ce que sur tous les points du royaume l'impulsion donnée, par le roi Denis, aux progrès civilisateurs ne se manifestât par des productions artistiques, par des fondations d'établissements utiles, et par les premiers germes d'une puissance commerciale, qui devait plus tard embrasser les deux mondes.

Toutefois cette paix, qui laissait entrevoir de si magnifiques espérances, fut de nouveau troublée par les prétentions de Ferdinand de Castille, qui essaya de revenir sur le traité conclu avec Denis; mais la croisade contre les Sarrasins, qui unit pour un instant tous les princes chrétiens et se termina par la célèbre bataille de Tariffa, empêcha la reprise des hostilités.

La mort de Ferdinand de Portugal (1383) vint tout remettre en question et, encore une fois, le roi de Castille, Jean Ier, époux de Béatrix, fille de Ferdinand, se mit à la tête d'une puissante armée pour venir prendre Lisbonne.

Mais le sentiment national, si développé chez les Portugais, obligea le roi de Castille à lever le siége de cette ville, et Jean Ier le Grand, chef et fondateur de la maison D'Avis, monta sur le trône, à l'issue de la fameuse bataille d'Aljubarotta, dont le gain mit un terme aux prétentions sans cesse renaissantes de la Castille, qui perdit dans la lutte la moitié de ses soldats et l'élite de sa noblesse. L'histoire du Portugal offre l'exemple de trois batailles qui furent décisives : la première fut celle d'Ourique, qui consacra le principe de la nationalité portugaise ; la seconde fut celle de Tariffa, qui amena l'expulsion totale des Maures de la Péninsule ; et enfin la troisième, celle d'Aljubarotta, qui détruisit les dernières espérances de la Castille et sanctionna la jeune dynastie D'Avis en la baptisant par la victoire.

La paix, si nécessaire entre les deux puissances, fut signée en 1429. Mais déjà des trêves, plusieurs fois renouvelées, l'avaient préparée.

Cette paix fut accueillie avec une faveur marquée ; les esprits commençaient à se tourner vers d'autres idées que celles de la lutte.

Grâce aux améliorations de toute nature introduites dans les conditions d'existence du peuple par le roi Denis, grâce aussi aux institutions libérales qu'il avait fondées, et à la protection qu'il avait accordée aux savants et aux artistes, une génération intelligente, active, s'était élevée dans la pratique des travaux utiles, des transactions commerciales, et des relations extérieures propres à augmenter la prospérité du pays.

Toutefois la noblesse, exclusivement adonnée au métier des armes, conservait son humeur belliqueuse, et, après s'être reposée pendant quelques années dans les douceurs de la paix, elle ne tarda pas à se lasser d'une oisiveté à laquelle elle n'était point accoutumée.

A la vie de château, molle et facile, elle préférait les hasards de la vie des camps ; les plaisirs de la chasse ne remplaçaient pas pour elle les fatigues et les dangers de la guerre, qu'elle aimait tant à courir et à braver.

Les infants eux-mêmes, fils de Jean, brûlaient du désir de se signaler dans quelque expédition guerrière qui leur permît de marcher sur les traces de leurs ancêtres, et ils supportaient impatiemment l'état d'inaction dans lequel leurs jours s'écoulaient.

Ces infants étaient au nombre de cinq, Édouard, Pierre, Henri, Jean et Ferdinand.

Quand l'aîné eut atteint l'âge de vingt-deux ans, il rassembla ses frères et leur fit part de son projet : il voulait demander au roi de les mettre à même d'être armés chevaliers en gagnant leurs éperons dans une guerre quelconque, et il les engagea à s'unir à lui pour le seconder.

Tous furent d'un avis unanime ; il ne s'agissait que de savoir contre qui on pourrait combattre.

Ferdinand, le plus jeune, indiqua les corsaires, qui désolaient la côte d'Afrique, et comme à cette époque le nom musulman avait toujours le privilége d'exciter la haine des chrétiens, il fut convenu avec un enthousiasme tout juvénile qu'on supplierait le roi de diriger une expédition contre Ceuta, place forte située près de Gibraltar, et qui servait de retraite aux corsaires. Le roi Jean témoigna d'abord quelque hésitation à accéder à ces désirs : les Maures chassés du Portugal, il avait de la peine à se décider à les aller attaquer chez eux.

Cependant il prit l'avis de don Nuño Alvarez Pereira, son conseiller, et se fit rendre compte des dispositions de la noblesse. Elles étaient toutes martiales ; dès lors, il ne balança pas davantage, et après avoir recommandé le plus grand secret à ses enfants, il fit faire les préparatifs nécessaires, en ayant soin de laisser accréditer l'idée que l'expédition était dirigée contre la Hollande. Cent trente-deux vaisseaux portèrent une armée devant Ceuta, dont les Portugais se rendirent maîtres.

Cette entreprise couvrit de gloire l'infant Henri, qui en fut le héros. Les cinq frères firent tous preuve de courage et de vaillance, mais Henri, qui obtint le commandement de la première attaque, fit des prodiges de valeur. Il fut armé chevalier sur le champ de bataille, après avoir conquis l'admiration de tous ceux qui avaient combattu à ses côtés, et les connaissances spéciales dont il fit preuve, comme chef d'une des divisions navales, montrèrent ce que saurait être un jour ce prince, à qui le Portugal est redevable de sa gloire maritime. La prise de Ceuta mérite d'être considérée autrement que comme une simple conquête, faite sur les Maures ; elle eut une grande influence sur les événements qui la suivirent, en ce sens que ce fut le premier pas fait dans une voie encore ignorée, et qui devait s'ouvrir large et féconde.

Jusqu'alors, les Portugais avaient combattu sur la terre ferme : ils venaient de vaincre sur un élément qui ne leur était pas familier, et il est certain que la satisfaction qu'ils en éprouvèrent fut des plus vives.

C'est donc à partir de ce brillant fait d'armes que commence la grande épopée maritime dont l'infant Henri fut le promoteur, et dont la prise de Ceuta fut le prologue.

II

EXPÉDITIONS ET DÉCOUVERTES ANTÉRIEURES A LA CONQUÊTE DES INDES

II

EXPÉDITIONS ET DÉCOUVERTES ANTÉRIEURES A LA CONQUÊTE DES INDES

L'infant Henri, que l'histoire désigne sous le nom de Henri le Navigateur, fut un des hommes les plus remarquables que la fin du moyen âge ait produits. Sa grande physionomie projette un vif éclat sur tout ce qui l'entoure, et c'est à lui qu'il faut reporter la cause première de toutes les importantes découvertes qui illustrèrent le Portugal aux XVe et XVIe siècles.

Esprit avancé, homme de progrès et d'initiative, possédant la foi, qui est la promesse des choses qu'on espère, et la persévérance que rien ne peut fatiguer ni rebuter, il parvint par la seule force de sa volonté, basée sur le raisonnement, à vaincre l'esprit de routine et les folles terreurs des gens de son siècle, qui niaient la lumière, parce qu'ils fermaient les yeux pour ne pas la voir.

Prince royal, il ne vit, dans la haute position que lui donnait sa naissance, que le moyen de mettre en pratique la devise qu'il avait adoptée : vivre en faisant le bien ; et les grandes expéditions maritimes, qu'il eut le génie de tracer, eurent l'immense résultat d'ouvrir une route aux Indes par le cap de Bonne-Espérance, de ruiner Venise et d'y substituer Lisbonne, de signaler à l'admiration de l'Europe une quantité de terres et de royaumes inconnus, et enfin de placer le royaume de Portugal au premier rang des puissances européennes.

Comme tous les grands hommes dont les nations honorent la mémoire, sa gloire fut, sinon contestée, du moins mesurée avec parcimonie, dans le dessein de l'amoindrir, par des écrivains appartenant à diverses nations, et qui, mus par un sentiment de nationalité exagérée, ont tenté de rapporter à d'autres une partie de la célébrité que mérita par sa science et sa haute intelligence l'illustre infant, dont le nom est attaché aux plus grandes œuvres de son époque.

Chaque peuple a fourni à l'histoire son contingent de héros et d'immortels personnages; n'essayons donc pas, par un vain amour-propre, de dépouiller l'un au profit de l'autre, et pénétrons-nous bien de cette vérité, que le génie a des ailes assez étendues pour planer au-dessus d'une ligne de frontière, qu'il a droit à toutes les sympathies et qu'il doit être honoré partout où il se révèle, sur les marches du trône comme sous le chaume.

A Henri le Navigateur et à Christophe Colomb restera éternellement la gloire d'avoir deviné et découvert ces régions ignorées, que d'autres avaient bien pu apercevoir, sur lesquelles ils avaient même peut-être posé le pied, mais qu'en tous cas ils n'avaient su ni remarquer ni indiquer suffisamment.

Ce qui constitue, à nos yeux et à ceux de tous les esprits sérieux et logiques, la gloire d'une découverte, c'est la patiente recherche, c'est le labeur lent et incessant accompli pour y parvenir, et non le hasard qui met aux mains du premier venu ce dont il était loin de soupçonner l'existence.

Il est tout simple qu'une tempête jette un vaisseau sur une côte inconnue et donne à son équipage l'avantage inattendu d'une découverte ; mais doit-on, en ce cas, le récompenser et le considérer à l'égal du hardi pionnier qui, sans autre guide que son esprit d'observation, se dirige, à travers mille périls, vers un point soupçonné, et dont nul ne connaît la place ; ou du savant qui, à force d'études, de calculs et de travaux de toute espèce, parvient à désigner, avec la même certitude que si ses yeux pouvaient voir à mille lieues de lui, l'île qui s'élève dans quelque coin de l'Océan ?

L'infant Henri fut un de ces savants.

Au XVe siècle, les études géographiques étaient encore à l'état rudimentaire, et la science nautique se bornait à de timides cabotages le long des côtes, qu'on se gardait bien de perdre de vue, dans la crainte d'être entraîné en pleine mer, sans pouvoir s'y diriger.

Le roi Denis, le Libéral, avait essayé d'encourager les études maritimes en engageant à son service d'habiles navigateurs, venus de l'étranger ; mais les événements ne lui avaient pas permis de faire plus, et jusqu'au moment où nous voyons apparaître l'infant Henri, la marine était restée stationnaire.

Des craintes chimériques et des préjugés

bizarres empêchaient d'ailleurs toute tentative sérieuse. Aux quelques rares esprits méditatifs qui se demandaient s'il n'existait pas des terres au delà de l'Atlantique, s'il n'était pas possible que les côtes de l'Afrique, dont l'extrémité n'avait pas encore été reconnue, se prolongeassent vers le méridien, les gens de mer eux-mêmes répondaient : la mer Atlantique est impraticable, une chaleur dévorante la brûle, personne ne pourrait pénétrer dans cette zone torride; au delà du cap Bojador, il n'y a ni peuples ni villes; la terre n'y est pas moins sablonneuse que dans les déserts de la Libye, où il n'existe ni eau, ni arbres, ni herbe verdoyante. Les courants sont tels que le navire, qui dépasserait ce point, ne pourrait en revenir.

Cette opinion était générale, et il fallait être bien audacieux pour tenter de la combattre; c'est ce que fit pourtant l'infant, qui avait un goût prononcé pour les études géographiques et mathématiques.

Lors de la prise de Ceuta, ce prince avait profité de son séjour dans la ville maure pour recueillir, de la bouche des Arabes, des renseignements détaillés sur les contrées qui bordaient les déserts de l'Afrique. Il s'informa de la configuration des côtes, de l'existence des peuplades qui habitaient l'intérieur des terres, et, mettant à profit le savoir astronomique que possédaient alors les Arabes, il put avoir quelques données, dont il se promit bien de tirer parti plus tard. En effet, à son retour en Portugal, il se consacra exclusivement à la mission d'enrichir le royaume du fruit des découvertes qu'il se proposa de faire. Mais pour en arriver là, bien des obstacles étaient à vaincre, et le principal était celui que nous avons déjà mentionné : l'ignorance de la nation touchant la science nautique, l'état précaire de la marine, et plus encore l'absence de pilotes, de marins instruits. Il envisagea ces difficultés, les trouva nombreuses, mais ne désespéra pas de les vaincre.

Son premier soin fut de quitter Lisbonne et d'aller s'établir au cap Saint-Vincent.

Il y fit bâtir, à proximité de Sagres, un palais qui prit le nom de Terça Nabal.

C'est dans cette habitation, placée sur trois pics avancés, entre lesquels l'Océan roule ses vagues, que l'infant, grand-maître de l'ordre du Christ, vit s'écouler douze années de sa vie, dans un travail persévérant, passant ses jours et souvent ses nuits environné de mathématiciens et de géographes de diverses nations, qu'il interrogeait, et dont il écoutait les différents avis avec déférence, corrigeant les cartes marines qu'il avait pu se procurer à grands frais, compulsant et méditant enfin tous les écrits qui pouvaient l'aider dans sa tâche hardie.

Confiné par amour de la science sur son rocher de Sagres, le prince jetait sans cesse ses regards sur la mer, cette mer qu'il épie sans trêve ni relâche, dont il veut connaître les secrets, cette mer, contre laquelle il luttera, jusqu'à ce qu'il l'ait forcée à lui livrer les trésors qu'il devine et qu'elle s'obstine à lui cacher.

Ce n'était d'ailleurs pas sans un motif pratique que l'infant avait choisi Sagres pour sa résidence : la baie offrait une entrée facile aux embarcations et servait admirablement à l'école de marine qu'il fonda, dans le but de former des pilotes instruits et des matelots habiles.

Il y recevait des gentilshommes sans fortune, qu'il faisait élever à ses dépens ; il leur donnait lui-même des leçons, leur apprenait l'utilité des longitudes et des latitudes, et leur indiquait le moyen de les fixer par des observations astronomiques. Tant de persévérance, tant d'efforts devaient être récompensés par le succès. Le moment, du reste, était favorable aux tentatives ; déjà l'Italien Flavio Gioja avait inventé la boussole, et quelques navigateurs biscaïens venaient de retrouver les Canaries.

L'infant se mit à la tête du mouvement qui se produisait, et lorsqu'il eut pu se procurer des pilotes assez audacieux pour entreprendre de doubler le cap Non, un cap dont le nom seul indiquait qu'on le considérait comme infranchissable, il équipa deux vaisseaux et les envoya vers le cap redouté avec ordre de le doubler.

Les pilotes s'avancèrent bien en effet à soixante lieues au delà, mais ce fut tout. Ils avaient atteint le cap Bojador ; ils revinrent fiers de ce premier succès.

L'infant continua ses recherches, et trois ans plus tard, en 1418, il chargea deux gentilshommes de sa maison, qui s'étaient spontanément offerts pour seconder ses desseins, de se diriger vers le cap Bojador et de reconnaître les terres qui devaient se trouver dans ces parages.

Ces deux hommes étaient : l'un Juan-Gonzalès Zarco, l'autre Tristan Vaz.

Ils partirent en 1418 bien résolus à accomplir la mission dont ils étaient chargés, mais avant qu'ils eussent pu gagner la côte africaine, une tempête épouvantable les assaillit et jeta leur embarcation sur une petite île, à laquelle ils purent heureusement aborder et qu'ils nommèrent Porto-Santo.

C'était une mince découverte que ces quelques lieues de terrain, jetées comme un point rocailleux au milieu de l'Océan, mais la nature y avait semé certaines productions, propres à permettre la colonisation.

Il n'en fallut pas davantage pour satisfaire l'infant. Avisé de cette découverte par les deux navigateurs qui, après être demeurés quelques jours dans l'île, étaient retournés dans les Algarves où il se trouvait, D. Henri souscrivit avec empressement au projet de colonisation, qu'ils lui présentèrent, et les explorateurs repartirent accompagnés d'un gentilhomme, Barthélemy Perestrello, qui obtint la propriété de l'île, et de colons volontaires.

Des semences de toute espèce et des bestiaux furent embarqués pour les besoins de la colonie, mais Zarco et Tristan Vaz ne devaient pas borner à la découverte d'une petite île leur voyage d'exploration, et en 1419 ils prirent la mer pour se diriger vers une ligne brumeuse qu'ils apercevaient à l'horizon de Porto-Santo.

Bientôt ils aperçurent de hautes falaises couronnées de verdure, des rochers basaltiques d'un aspect étrange : c'était l'île de Madère, couverte d'un bois épais, qui s'élevait de la plage jusqu'aux montagnes.

Après avoir doublé une pointe peu élevée, à laquelle ils donnèrent le nom de promontoire Saint-Laurent, Zarco et Vaz s'avancèrent le long de la côte pour l'explorer. Ils débarquèrent, ils visitèrent l'île et la nommèrent d'abord Santa-Cruz, après avoir planté sur le rivage une croix faite du bois d'un arbre abattu par les vents. La prise de possession terminée, Gonzalès Zarco partit immédiatement pour le Portugal, afin d'instruire l'infant de l'heureux résultat de son expédition, dont il lui fit le récit circonstancié.

Il avait découvert dans l'île une grotte taillée dans le roc, et qui servait de retraite aux loups marins, et lui avait en conséquence donné le nom de Camera de Lobos.

L'infant voulant le récompenser, lui fit concéder par le roi Edouard, son frère, avec le titre de comte, le nom de Camera, qui devint celui de sa postérité, et Zarco reçut en outre la donation à perpétuité d'une juridiction entière sur la moitié de l'île où était située la baie de Funchal, tandis que l'autre moitié devint le partage de Tristan Vaz, de façon à former deux capitaineries en leur faveur, comme Porto-Santo en était devenu une, en faveur de Perestrello.

La colonisation de ces îles s'effectua sans grand'peine. Santa-Cruz avait échangé son nom contre celui de Madère, en raison de la grande quantité de bois (*madeira*) qui la couvrait.

Mais sans songer au parti qu'on pouvait tirer des magnifiques forêts vierges, qui croissaient là, les colons, qui n'avaient en vue que la culture, mirent le feu à cette splendide végétation. L'incendie fut terrible. Toutefois, à la place des bois consumés, se trouvèrent d'excellents champs, dont la fertilité était inépuisable, et dans lesquels les cannes à sucre et la vigne se plurent merveilleusement. Au bout de quelques années le cinquième du revenu de l'île, que l'infant avait réservé à l'ordre du Christ, s'élevait à une somme équivalente à trois millions de francs, grâce à la sage administration des capitaines, qui y avait introduit tous les éléments de succès. Barthélemy Perestrello, qui commandait à Porto-Santo, mourut, et sa veuve vendit la capitainerie, mais il avait laissé un fils mineur. Parvenu à sa majorité, ce fils fit révoquer la vente, et reprit la capitainerie, qui était encore dans sa famille, lorsque Philippe II d'Espagne s'empara de la couronne de Portugal. Quant à l'île de Madère, l'une des capitaineries, celle de Funchal, passa de père en fils aux descendants de Zarco, son légitime possesseur.

En 1566, trois navires venus de France, débarquèrent un millier de protestants, qui s'emparèrent de Funchal ; mais, après l'avoir pillé, ils se virent dans la nécessité de l'abandonner et de reprendre la mer.

La capitainerie de Machico, qui était échue à Tristan Vaz, passa également, après sa mort, à ses descendants ; mais en 1540, le dernier étant mort sans postérité, cette capitainerie fut donnée par le roi Jean à Antonio de Sylveira.

En 1549, celui-ci la cède au comte de Nimioso, qui en conserva la possession jusqu'à l'époque de la domination espagnole.

La découverte de l'archipel de Madère avait causé une vive satisfaction à l'infant, mais c'était au hasard d'une tempête qu'il devait Porto et Madère, et il voulait devoir à la science les terres dont il soupçonnait l'existence. Toutefois, en attendant qu'il fût en mesure de faire faire les expéditions nécessaires, il désirait s'assurer la possession des îles Canaries, que Jean de Béthencourt, gentilhomme normand, avait obtenu, en 1417, du roi de Castille, la permission de conquérir.

Ces îles sont au nombre de douze.

Béthencourt en avait subjugué quatre et les avait cédées à l'infant contre certains domaines, qui lui furent abandonnés à Madère.

C'était ces quatre îles et les huit autres, que D. Henri voulait avoir; en 1427, il envoya donc sous la conduite de Ferdinand de Castro une flotte avec 2,500 hommes d'infanterie et 120 lances pour s'en emparer. Mais le roi de Castille s'opposa à cette conquête, rendue difficile d'ailleurs par la résistance qu'opposaient les populations de ces contrées.

Ferdinand de Castro, obligé de revenir en Portugal chercher des forces plus importantes, fut contraint d'abandonner l'entreprise sur les réclamations énergiques du roi de Castille, faisant valoir des droits supérieurs, selon lui, à ceux de Henri, qui dut, bien à regret, renoncer à ses prétentions. Ce fut alors qu'il songea à mettre à exécution le projet qu'il nourrissait depuis longtemps, de diriger ses explorations le long de la côte d'Afrique, et de préparer ainsi l'anéantissement du commerce de Venise au profit du Portugal, tandis que, d'un autre côté, il accroissait la puissance de l'ordre religieux dont il était le grand maître, en répandant en tous lieux, parmi les infidèles, la vraie religion et en plantant la croix sur des plages jusqu'alors peuplées de mahométans.

Les nombreux renseignements qu'il avait recueillis à Ceuta et ceux qu'il tirait chaque jour de ses patientes études lui donnaient l'assurance que des découvertes importantes devaient être faites dans ces régions inconnues aux Européens, et son désir de voir s'effectuer le passage tant désiré du cap Bojador, devenait chaque jour plus vif.

Douze ans s'étaient écoulés depuis que le drapeau du Portugal flottait sur l'île de Madère, et pendant ces douze années, il avait envoyé nombre de navires du côté du fameux cap, mais pas un n'avait osé le franchir. Enfin, son écuyer Gilianez, témoin de la confiance que le prince manifestait touchant la possibilité de doubler le cap, fut assez hardi pour lui garantir l'exécution de ses ordres : mais il avait compté sans la crainte qui l'assaillit quand il fut à la hauteur des îles Canaries.

Il s'y arrêta pour y délivrer quelques captifs, et reprit le chemin du Portugal où il s'excusa de son mieux auprès de l'infant, remettant à l'année suivante l'accomplissement de sa promesse.

En effet, en 1434, il s'arma de courage et comprenant que cette fois il lui serait impossible de reparaître devant le prince sans avoir rempli la mission dont il était chargé, il brava tout danger et doubla, sans accident, ce terrible cap redouté des plus braves.

Revenu en Portugal, il reçut les félicitations de l'infant qui le récompensa avec cette générosité, l'un des côtés saillants de son caractère.

Bientôt le prince obtint du pape Martin V une donation perpétuelle à la couronne de Portugal de toutes les terres qui pourraient être découvertes, par les Portugais, depuis le cap jusqu'aux Indes orientales, et une indulgence plénière pour l'âme de ceux qui périraient dans cette noble entreprise.

Gilianez, cependant, ne pouvait se dispenser de retourner à la découverte et c'est ce qu'il fit. Il remit à la voile, accompagné, cette fois, d'Alphonse Gonzales Baldaya, échanson de son maître, et ils dépassèrent le cap de cinquante lieues.

Une quatrième fois, en 1436, les deux navigateurs franchirent un espace de cent vingt lieues au delà. A partir de ce moment, les voyages dans ces latitudes se renouvelèrent fréquemment et Gilianez, qui avait eu la gloire de voir son expédition mise par les écrivains de son temps au-dessus des travaux d'Hercule, eut bientôt des imitateurs.

Antoine Gonzalès, Diégo Alonzo, Gonzalo de Cintra, Gomez Perez et bien d'autres suivirent les traces de Gilianez, tandis que Velho Cabral était chargé par l'infant de reconnaître les Açores.

Velho Cabral était élève du collége nautique fondé par Henri, et les connaissances qu'il y avait acquises engagèrent le prince à lui confier le soin de vérifier la position d'îles, dont l'existence lui était indiquée par une carte que le duc de Coïmbre, son frère, lui avait rapportée d'Italie en 1428. Ce fut en 1431 que Velho Cabral atteignit la première de ces îles qu'il nomma Sainte-Marie, en raison du jour (15 août) où il y aborda.

Il en fut nommé capitaine, et la colonisa en y emmenant ses parents, ses amis et des gens appartenant aux meilleures familles du Portugal, ce qui donna immédiatement à l'île une population de choix. On y éleva de superbes édifices, et, en très-peu de temps, elle prit un aspect d'opulence bien différent de celui qu'ont ordinairement les contrées nouvellement colonisées.

En 1444, Velho Cabral dirigea une seconde expédition dans les mêmes parages et découvrit l'île Saint-Michel, dont il obtint encore la concession et qu'il peupla à peu près de la même façon que Sainte-Marie.

Le nom d'Açores fut donné à ces îles et à celles qui furent signalées plus tard dans les environs, groupées en archipel, en raison d'une certaine quantité de milans que les explorateurs aperçurent, et qu'ils prirent pour des autours (*açores,* en portugais).

Terceire fut découverte la troisième, comme

son nom l'indique (Terceyra), par Jacques de Bruges, Flamand d'origine, qui, par lettres du 2 mars 1450, en obtint la possession héréditaire pour lui et sa descendance, même féminine, à la charge de la coloniser, ce qu'il fit.

La capitainerie de Gracieuse fut concédée à un seigneur d'origine gasconne, Pierre Corréa da Cunha. L'île de Saint-Georges fut colonisée par Guillaume Van der Haagen, qui échangea son nom pour celui de Da Silveira. C'était un des compagnons de Jacques de Bruges, à qui la capitainerie en fut donnée et son compatriote, ainsi que le capitaine donataire de l'île du Fayal et du Pic, Josse Van Huerter. Quant à Flores et à Corvo qui complètent les huit îles açoréennes, elles furent données en toute propriété à une noble Portugaise, Marie de Vilhena, qui chargea le capitaine de Saint-Georges, Van der Haagen, de les coloniser et de les gouverner pour son compte.

Comme nous l'avons fait à l'égard de Porto et de Madère, nous allons indiquer sommairement l'histoire des possessions açoréennes jusqu'à leur prise par Philippe II d'Espagne.

Velho Cabral, qui possédait les deux capitaineries de Sainte-Marie et Saint-Michel, était commandeur d'Almourol, ce qui ne lui permettait pas le mariage. Cela l'engagea à renoncer à ses droits sur les capitaineries en faveur de son neveu, Jean Soares, renonciation à laquelle il fut autorisé.

Jean Soares transmit à son tour la capitainerie de Saint-Michel à Gonzalve de Camera, dans la famille duquel elle resta.

Sainte-Marie demeura également, de père en fils, aux mains des Soares. Les îles de Terceire et Saint-Georges ne furent pas longtemps à Jacques de Bruges; il fut assassiné par Diego de Tève qui voulait lui succéder et qui fut arrêté pour ce crime. La capitainerie fut alors partagée entre Jean da Costa Cortereal et Alvaro Martins Homem, qui conservèrent et transmirent leur part à leur famille.

Des mains de Georges Corréa da Cunha, auquel elle était échue par descendance légitime, la capitainerie de Gracieuse passa dans celles de Coutinho Marichal, puis de Ferdinand son fils.

Le Fayal et le Pic furent laissés par Jean de Huerter à son fils, puis à son petit-fils, mais à la mort de ce dernier, plusieurs compétiteurs s'en disputèrent la possession; toutefois l'héritier des Huerter, Jérôme, fils de Gaspard, parvint à les ressaisir. Quant à la capitainerie de Flores et Corvo, elle passa des mains de Marie de Vilhena à celles des comtes de Vera-Cruz.

Ces détails, un peu monotones, étaient nécessaires pour servir de prologue aux grands événements dont les Açores furent le théâtre, et dont nous parlerons plus loin.

Reprenons l'ordre chronologique des faits.

Le premier coup de feu qui fut tiré par les Portugais dans ces parages, partit de l'arme d'un gentilhomme qui était avec Gilianez et Baldaya, lors de leurs expéditions de 1436.

Ce gentilhomme, âgé de dix-sept ans à peine, s'était avancé en compagnie d'un autre jeune homme, à sept lieues environ dans les terres, quand il se vit assailli par dix-neuf Maures armés. Les deux gentilshommes, avec une ardeur toute juvénile, les attaquèrent résolûment et les mirent en fuite après en avoir tué un.

Si nous signalons cette rencontre, peu importante sans doute, c'est que ce fut par elle que commencèrent les luttes que les conquérants eurent à livrer, pour se rendre maîtres des terres qu'ils découvraient et dans lesquelles ils suppléèrent si souvent au nombre par l'audace et par la constance.

En 1441, Antoine Gonçalvez et Nuño Tristam, appartenant tous deux à la maison de l'infant, furent envoyés par lui dans la même direction, afin de reculer les bornes des découvertes déjà faites.

Un léger combat eut lieu non loin de la baie d'Angra, à sept ou huit lieues dans les terres, et dix prisonniers tombèrent au pouvoir d'Antoine Gonçalvez, qui reçut sur le lieu du combat la dignité de chevalier des mains de Nuño Tristam. Cela valut à cet endroit le nom de Puerto del Cavallero. Gonçalvez repartit pour le Portugal avec ses esclaves, et Tristam s'avança jusqu'au cap Blanc.

En 1442, Gonçalvez retourna sur la côte, et en revint avec d'autres esclaves et de la poudre d'or qu'il avait obtenue comme rançon d'un des premiers prisonniers qu'il avait faits l'année précédente.

A partir de ce moment, les découvertes se succédèrent rapidement. Nous n'en ferons pas le récit détaillé, mais nous citerons cependant : l'expédition de Nuño Tristam, faite en 1443, et dans laquelle il découvrit l'île d'Adeget, l'une de celles d'Arguim, l'île de las Garzas, et où il fit quatorze prisonniers; — celle entreprise en 1444 par plusieurs navigateurs réunis, Lancelot Gilianez, Étienne Alonso, Rodrigue Alvarez et Jean Diaz, qui sollicitèrent et obtinrent du prince Henri, de former une compagnie dans la ville de Lagos, pour continuer les découvertes. Ils équipèrent dix caravelles, dont le commandement fut donné à Lancelot, l'un deux, et attaquèrent l'île de Nar, celle de Tider et plusieurs autres, et firent environ deux cents prisonniers; — l'expédition de Gonzalo de Cintra, qui, parti pour les côtes d'Afrique en 1445, avec un seul vaisseau, aborda aux îles d'Arguim, et y perdit sept hommes, tués par les Maures. Ce fut le premier sang portugais qui coula sur ces rives. La baie, où il s'engagea pour arriver au rivage, fut nommée baie de Cintra; — l'expédition d'Antoine Gonzalez, Diégo Alonzo et Gomez Perez, qui firent voile en 1446 pour la même rivière. Séparés par la tempête, ils se rejoignirent l'année suivante aux îles d'Arguim, où ils fondèrent un village, et s'emparèrent d'un certain nombre de nègres; — la découverte du cap Vert, dont l'honneur revient à un écuyer d'Alphonse V, nommé Diniz Fernandez, qui passa l'embouchure de la rivière du Sénégal, et, dans les cours de l'année 1447, arriva au cap, où il ne s'arrêta pas. Il se hâta, en effet, de retourner auprès du prince Henri, pour lui porter la bonne nouvelle, et ne prit que le temps de planter une croix sur le rivage avant de se rembarquer.

Toutes ces expéditions eurent pour résultat d'habituer les Portugais aux voyages, de les familiariser avec les dangers de la navigation, et d'ajouter sans cesse des connaissances nouvelles aux connaissances déjà acquises. Mais malgré l'ardeur avec laquelle ils s'y abandonnaient, un sentiment d'appréhension assez naturel paralysait encore les efforts du prince, et il lui fallut une persévérance à toute épreuve pour arriver à faire réussir ses desseins. Au reste, il faut le reconnaître, si nombre de navigateurs hésitaient à s'avancer dans des mers inconnues, à chercher des côtes désertes, à se mesurer avec des tribus dont on ignorait les forces et les moyens de défense, quelques-uns des serviteurs du prince déployaient un courage héroïque, afin d'obéir à ses ordres, et s'enfonçaient résolûment dans l'intérieur de l'Afrique pour y étudier les mœurs des peuples qu'il voulait soumettre.

Ce ne fut pas sans éprouver des pertes sensibles que les Portugais purent se rendre maîtres des contrées qu'ils disputaient aux peuplades de l'Afrique.

En 1447, Nuño Tristam trouva la mort sur les bords du Rio-Grande, où il fut massacré avec dix de ses compagnons.

Dans le même temps, Gilianes fut repoussé au cap Vert, et se couvrit de gloire à Palma, où il tua de sa main sept insulaires et le chef de leur tribu, tandis que Gomez Perez faisait quatre-vingts prisonniers sur les Maures de Rio-del-Oro. De cette année jusqu'à celle de 1463, c'est-à-dire pendant l'espace de quinze ans environ, les Açores furent peuplées ; un fort s'éleva aux îles d'Aguim ; l'île de Nayo fut découverte par le Génois Antonio de Noli, pour le compte du Portugal, ainsi que celles de Saint-Jacques et de Saint-Philippe, et on s'assura la possession des îles du cap Vert, Fuego, Brava, Bonavista, Sal, Saint-Nicolas, Sainte-Lucie, Saint-Vincent et Saint-Antoine. Les navigateurs Pedro de Cintra et Suero de Costa avaient poussé des reconnaissances jusqu'à Sierra-Leone.

Mais un événement funeste vint, dans le cours de cette année 1463, affliger tous ces hardis aventuriers qui ne rêvaient que la gloire de porter au delà des mers l'étendard portugais ; le grand prince qui les avait précédés dans la carrière, le fécond génie qui avait étonné l'Europe entière par la profondeur et la justesse de ses observations, l'infant Henri, enfin, était mort dans la soixante-septième année de son âge, mort au champ d'honneur, dans sa retraite de Sagres, les yeux fixés sur une carte marine, et des livres de science aux mains !

La mort de Henri le Navigateur fut infiniment regrettable ; toutefois l'essor était donné, et elle n'arrêta pas la marche ascensionnelle des découvertes et de la colonisation. Par ses dernières volontés, Henri avait laissé à son neveu et fils adoptif, Ferdinand, la possession de ses terres et seigneuries, et à son autre neveu, le roi Alphonse, il avait légué la continuation de ses vastes projets de navigation jusqu'aux Indes.

Alphonse, sans cesse occupé de combattre la Castille, et, d'ailleurs, plus porté aux expéditions militaires qu'aux tentatives maritimes, ne put poursuivre personnellement la réalisation des désirs de son oncle, mais il ne renonça pas pour cela aux avantages que ces grandes entreprises procuraient au Portugal.

Il afferma à l'un de ses sujets, Fernand Gomez, le privilége du commerce avec l'Afrique, moyennant une redevance de 200,000 reis par an, avec la condition toutefois que Gomez découvrirait cinq cents lieues de côtes dans l'espace de cinq ans, à raison de cent lieues chaque année. Ce contrat fut signé en 1469, et le roi comme Ferdinand Gomez n'eurent qu'à s'applaudir de l'avoir consenti, car celui-ci vit ses voyages couronnés d'un plein succès. Le pays de Mina, le cap Sainte-Catherine, Saint-Thomas, l'île du Prince, Fernan-do-Pô, La Bonne-Année, furent découvertes tant par lui que par Jean de Santarem et Pero de Escobar, qui, en 1470, prirent la mer pour le compte de Gomez, et, l'année suivante, rencontrèrent le premier marché d'or sur la côte de Mina, au delà du cap des Trois-Pointes.

Nous avons dit que l'infant Henri avait fait don à son neveu Ferdinand de ses îles et de ses seigneuries ; cette donation fut ratifiée par le roi, d'abord par lettres du 3 décembre 1460, et, ensuite, par d'autres lettres royales datées de Lisbonne, le 29 octobre 1462.

De plus, pour donner au prince la facilité de pourvoir à la colonisation de ces îles, le roi lui accorda, en 1466, l'autorisation de prendre des habitants de la côte de Guinée.

A la mort de ce premier donataire général, survenue en 1470, les îles du Cap Vert revinrent à la couronne, de laquelle elles furent détachées, en 1489, en faveur de l'infant Emmanuel, duc de Béja, qui, en devenant roi de Portugal, les fit de nouveau rentrer au domaine et en forma plus tard des capitaineries.

Santiago fut divisée en capitainerie du Sud et capitainerie du Nord : la première fut donnée, en 1497, à Georges Correa, et la seconde, à Diégo Alfonso.

Fogo fut érigée en capitainerie par le roi Emmanuel, en faveur de Fernand Gomez, qui y fonda la ville de Saint-Philippe.

Maïo échut à Joham Baptista, et Boavista fut donnée à Rodrigue Alfonso.

Quant à Saint-Nicolas, Sainte-Lucie et Saint-Vincent, un Sousa en fut le premier possesseur.

L'historique de la transmission de ces diverses propriétés nous entraînerait ici à des détails inutiles, en ce sens que, pendant tout le temps qu'elles restèrent aux mains soit des capitaines donateurs, qui les reçurent de la libéralité du roi. soit de ceux qui en héritèrent ou les acquirent d'autre façon, il ne s'y passa aucun fait de nature à éveiller l'intérêt.

Nous y reviendrons d'ailleurs plus loin.

La colonisation des îles conquises se fit avec plus ou moins de promptitude, et elle était opérée aux frais des donataires principaux, qui, soutenus, encouragés par les rois de Portugal, parvinrent tous à métamorphoser des terres désertes et silencieuses en véritables provinces du royaume, dont les revenus grossissaient chaque jour, dont le commerce prenait sans cesse plus d'extension et aurait fini par rendre le Portugal le pays le plus riche du monde, si les événements qui suivirent l'occupation du trône par la dynastie espagnole n'étaient venus malheureusement interrompre cette ère de prospérité.

Voyons ce qui se passa en Guinée.

En 1481, un fort fut élevé à Mina, afin de protéger le commerce de l'or; bientôt ce fort devint la ville de Saint-Georges, et, en 1488, le roi Jean II sollicita et obtint du pape, qu'aucun prince de l'Europe n'aurait le droit de faire des découvertes de l'occident à l'orient, et que tout ce qui serait découvert par d'autres nations appartiendrait au Portugal

Ce fut à la suite de cette donation du saint-siége, que le roi de Portugal prit le titre de Seigneur de la Guinée, comme l'ayant occupée du consentement de ses habitants.

Nous voici arrivé à l'une des plus utiles et des plus mémorables expéditions des Portugais, celle qui amena la découverte du cap de Bonne-Espérance : complète réalisation du rêve, si longtemps caressé par Henri le Navigateur, dont les mânes durent tressaillir de joie, lorsque la précieuse route de l'Inde fut ouverte.

Cette découverte suffirait pour illustrer le règne de Jean II, si ce monarque, remarquable à tant de titres, n'eût pas signalé les quatorze années de son règne par d'éclatantes actions.

L'élévation de ses pensées, la grandeur de ses projets, la fermeté de ses résolutions méritèrent qu'un ambassadeur dît de lui :

« J'ai vu un homme, qui commande à tous, et auquel personne n'a jamais commandé. »

Dès l'âge de seize ans, il avait noblement combattu, et s'était glorieusement montré à la prise d'Argile et de Tanger, et, en 1476, il s'était distingué à la bataille de Touro.

Homme de guerre, la célébrité acquise par

les armes ne lui suffit pas : il voulut y joindre celle que donnent la science et les arts.

A l'imitation de Henri le Navigateur, il résolut de faire venir de Florence, dont les Médicis avaient fait le centre de l'Europe civilisée, Ange Politien, le plus savant homme de son siècle, pour en faire l'historien des découvertes qu'il méditait.

La mort seule l'empêcha de poursuivre ses desseins. Mais il vécut assez pour rendre sa mémoire immortelle.

Ce fut lui qui conçut la pensée d'une expédition destinée à trouver par l'Océan un passage aux Indes, qui la prépara et qui en confia le commandement à Barthélemy Diaz.

Diaz partit avec trois vaisseaux, le 2 août 1486, accompagné d'un gentilhomme, Jean Infante, qui commandait en second. L'un des trois navires chargé des approvisionnements était conduit par Pierre Diaz, frère de Barthélemy.

La flottille s'avança jusqu'au 24e degré de latitude méridionale, c'est-à-dire à cent vingt lieues au delà de tout ce qui avait été précédemment découvert; mais, sous cette latitude, le climat n'était plus le même que sur les côtes de Guinée, et de fréquentes tempêtes troublaient les flots de l'Océan. Diaz fut obligé de changer de direction, et, naviguant vers le nord, il atteignit une baie à laquelle il donna le nom de Los Vaqueros (des vaches), puis après avoir couru le long de la côte, il aborda dans une petite île qui fut nommée Santa-Cruz, et vingt-cinq lieues plus loin il trouva l'embouchure d'une rivière qu'on appela rivière de l'Infante en l'honneur de son compagnon de labeurs. Arrivé là, les murmures de l'équipage dont les craintes augmentaient à mesure qu'on avançait, obligèrent Diaz à rétrograder et à revenir en Europe.

Ce fut en effectuant son retour qu'il découvrit le fameux cap placé à la pointe sud-ouest de l'Afrique, et auquel il donna le nom de cap des Tourmentes, en souvenir des tempêtes et des périls qu'il avait essuyés avant de le doubler.

En apprenant le résultat de l'exploration de Diaz, le roi éprouva une vive satisfaction, et ce qui le prouve, c'est qu'au lieu de laisser au cap le nom de cap des Tourmentes, il voulut qu'on le désignât sous celui de cap de Bonne-Espérance en témoignage de celle qu'il conçut de pouvoir bientôt toucher les Indes si désirées.

Afin de s'assurer si la navigation était possible au delà de ce cap, et en même temps pour recueillir des documents plus positifs sur les Indes elles-mêmes, le roi se décida à faire chercher, par terre, la route qui devait y conduire. Une fois déjà il avait mis un religieux franciscain en voyage pour accomplir cette mission, mais sans obtenir aucun résultat. Il comprit que le succès de l'entreprise dépendait de ceux qu'il choisirait pour l'exécuter. Deux hommes, dont le nom jouit en Portugal d'une célébrité justement acquise, Alphonse de Païva, gentilhomme appartenant à une famille dont le dévouement à ses rois s'est perpétué jusqu'à nos jours dans toute sa plénitude, et Pero de Covilham, qui connaissait à fond la langue arabe, furent chargés de la solution du grand problème géographique que cherchait Jean II. Il leur donna les instructions les plus précises, et les nantit de tout ce qui pouvait leur être nécessaire dans le cours du long voyage qu'ils allaient entreprendre. Ils partirent de Santarem le 7 mai 1487, et s'embarquèrent à Naples pour Rhodes, puis de là arrivèrent au Caire où ils se séparèrent : Alphonse de Païva pour se rendre en Éthiopie et Pero de Covilham à Cananor, puis à Calicut et à Goa. Un seul de ces deux hardis pionniers devait continuer sa route. Alphonse de Païva était mort au Caire. Il était chargé de lettres de son souverain qu'il devait remettre au prêtre Jean, qu'on supposait alors roi des Indes.

Covilham alla aux mines de Sofala et revint au Caire où il apprit la mort de son compagnon. Il y fut rejoint par deux juifs espagnols que le roi Jean lui avait dépêchés avec des instructions particulières.

L'un deux, Joseph Lomega, revint à Lisbonne faire part au roi des découvertes que Covilham avait faites des Indes orientales, l'autre, Rabbi Abraham, prit la mer avec Covilham qui se rembarqua pour Ormuz.

Abraham revint en Europe, mais Covilham arrivé en Abyssinie, ne put en sortir et dut se résigner à abandonner tout espoir de revoir le Portugal; le roi d'Abyssinie l'obligea à se fixer dans le pays, l'y maria et il y vivait encore en 1520.

Mais son voyage n'en avait pas moins été couronné d'un plein succès, puisqu'il avait pu faire parvenir à Jean II, par l'intermédiaire du juif, des données exactes sur ces Indes qui allaient bientôt devenir la propriété du Portugal.

Le but de ces expéditions lointaines n'était pas seulement d'agrandir la puissance portugaise; Jean II voulait aussi augmenter la splendeur de l'Église, chaque vaisseau portait des missionnaires et à chaque roi africain, à chaque chef de tribu, on offrait l'amitié du roi de Portugal et avec elle le baptême.

Vers 1488, un prince Yolof Bemohi, souverain de Manicongo, vint à Lisbonne se faire instruire des principes du christianisme et recevoir le baptême avec vingt-quatre des principaux sujets de son royaume qu'il avait amenés. Bemohi donna, sur les régions inconnues de l'Afrique, des renseignements précieux qui déterminèrent Jean II à envoyer une flotte chargée de le reconduire dans ses États, et en même temps de bâtir un fort sur la rivière du Sénégal.

En 1493, Christophe Colomb, revenant des Indes Occidentales, se présenta à la cour de Jean II et lui fit un pompeux récit de ses découvertes. Le roi craignit que les droits du Portugal, résultant de la donation du saint-siége, n'eussent à souffrir des conquêtes faites par les Espagnols, et ce qui augmenta encore ses craintes, c'est que, dans la même année, le pape accorda à l'Espagne la donation de tout ce qu'elle découvrirait aux Indes Occidentales. Un traité qui intervint et fut signé en 1494, sous le nom de traité de Tordésillas, fixa la limite des possessions des deux États au moyen d'une ligne qui, partant des pôles, attribua toutes les terres situées à l'est, au Portugal, tandis que l'ouest appartiendrait à l'Espagne.

La mort du prince Bemohi permit aux Portugais de pousser leurs avantages au Sénégal, en même temps qu'ils s'établissaient d'une manière définitive en Guinée. Mais en 1495 le grand roi Jean mourut, après avoir rendu d'immenses services à sa patrie, et Emmanuel lui succéda, Emmanuel le Fortuné, dit l'histoire, et l'histoire dit vrai, car jamais prince ne fut plus favorisé par le sort et ne le mérita davantage.

Ce fut sous son règne que les Indes furent conquises et la possession de ces vastes contrées amena une véritable révolution dans les conditions d'être du Portugal; il atteignit alors l'apogée de sa richesse et de sa gloire.

Après la découverte de l'Amérique et l'établissement de la ligne de démarcation, l'Orient devint le point de mire de tous les Portugais, petits et grands.

Emmanuel, à son avénement au trône, se garda bien de chercher à arrêter l'essor du génie aventureux et chevaleresque de son peuple ; il était lui-même animé de l'esprit des découvertes, et, plus heureux que ses prédécesseurs, il trouva une marine florissante et une expédition préparée par Jean II.

Toutefois, les craintes chimériques que faisait concevoir, un siècle plus tôt, le passage du cap Non, se réveillèrent quand il s'agit de doubler le cap de Bonne-Espérance, et il fallut toute la fermeté d'Emmanuel, sinon pour anéantir, du moins pour surmonter les obstacles, que l'ignorance enfantait sans cesse.

Jean II, disons-nous, avait préparé une expédition pour aller conquérir les Indes, et il en avait confié le commandement à Vasco de Gama, un marin expérimenté, un gentilhomme dont le nom, déjà connu, devait devenir illustre par le succès de cette belle et grande entreprise.

Emmanuel, qui savait juger les hommes, confirma le choix fait par son prédécesseur, et donna à Gama des lettres pour le prétendu prêtre Jean, et le Zamorin, qui régnait à Calicut.

Le 8 juin 1497, après avoir prêté serment

de fidélité sur la croix de l'ordre du Christ, brodée sur le pavillon qu'il reçut des mains du roi, le jeune amiral partit de Lisbonne avec trois vaisseaux et cent soixante hommes pour aller reconnaître, au nom de son souverain, une partie de l'Inde et planter résolûment le signe de la rédemption sur des rivages que les bienfaisantes lueurs du christianisme allaient éclairer; car on ne saurait trop insister sur ce point : si la religion catholique a pu s'étendre d'un pôle à l'autre, et si les eaux du baptême ont régénéré tant de peuples idolâtres, c'est aux rois de Portugal et aux grands maîtres de l'ordre du Christ qu'il faut en rapporter toute la gloire.

Et à ce propos, qu'il nous soit permis de constater l'influence énorme qu'eut cet ordre sur les grands événements qui signalent l'histoire du Portugal des XVe et XVIe siècles.

La milice du Christ, qui s'inspira toujours des vertus de son divin Maître, composée d'hommes doués des grandes qualités qui font les héros, ne se borna pas à vaincre par les armes; elle voulut surtout soumettre par la persuasion et la parole de Dieu, et ce fut là le secret des rapides progrès que surent faire les Portugais dans l'esprit des peuples qu'ils rendaient tributaires ; la conversion du roi de Congo n'est-elle pas le plus magnifique exemple de cette influence civilisatrice ?

Revenons au voyage de Vasco de Gama, qui, lui-même, chevalier de cet ordre fameux, sut en tenir si noblement la bannière. Il était accompagné de son frère Paul de Gama, qui commandait sous ses ordres *le Saint-Raphael*, et de Nicolas Coelho, qui avait le commandement du troisième vaisseau, *le Berrio*.

Le vaisseau-amiral, monté par Vasco, se nommait *le Saint-Gabriel*. Une quatrième embarcation, destinée au transport des approvisionnements, était commandée par un serviteur de Gama, P. Nunez.

L'expédition était en outre escortée par Barthélemy Diaz, le hardi explorateur du cap de Bonne-Espérance, qui devait la quitter au pays de Mina, où il avait mission de la conduire.

Il nous faudrait un volume entier pour raconter les divers épisodes, souvent dramatiques, qui signalèrent ce voyage, lequel, d'ailleurs, bien que plein d'intérêt, ne saurait trouver place ici. Nous mentionnerons seulement les découvertes faites, pour arriver ensuite à l'Inde et à son histoire politique.

La première relâche eut lieu à Saint-Iago, l'une des îles de l'archipel du Cap Vert. Diaz quitta la flotte quelques jours plus tard, et Gama alla s'arrêter à la baie Sainte-Hélène, où il fut blessé par un naturel. Le cap de Bonne-Espérance franchi, il arriva devant la côte de Natal, découvrit le fleuve des Bons Signaux, et entra dans le port de Mozambique, où il put recueillir des données exactes et positives sur les régions de l'Inde qu'il cherchait. Mais là il faillit être dupe de la perfidie des Maures, qui, après avoir accueilli les navigateurs avec bienveillance, mirent tout en œuvre pour se saisir d'eux et s'emparer des navires.

De Mozambique, Vasco dirigea sa route vers Calicut.

Le 3 avril 1498, les navires entrèrent dans le port de Mombaça, et, là encore, la flotte manqua d'être capturée par les habitants, qui firent tous leurs efforts pour engager Vasco et ses compagnons à débarquer, et tentèrent de couper les amarres des navires.

De Mombaça, on vint aborder à Mélinde, où, cette fois, l'expédition trouva un accueil réellement hospitalier et put se procurer tous les approvisionnements dont elle avait besoin pour continuer sa route. Le roi de Mélinde vint en personne visiter Gama, et lui donna un pilote instruit et loyal, qui, après vingt-trois jours de navigation, franchit les sept cents lieues qui séparent l'Afrique de la péninsule indienne. Le 17 mai, on apercevait enfin la terre promise, l'Inde ! Le voyage avait duré treize mois. Vasco de Gama et les siens furent reçus à Calicut avec tous les égards dus à l'ambassadeur du roi d'une grande nation.

« On ne s'imagine guère en Portugal, dit-il en plaisantant à ses compagnons, qu'on nous fasse ici tant d'honneurs. »

Certes, l'illustre navigateur pouvait s'enorgueillir à bon droit de l'accueil qui lui était fait, et les périls de toute nature qu'il avait affrontés, pour arriver là, l'autorisaient bien à se réjouir du résultat de son voyage.

Une audience particulière fut accordée par le roi de Calicut à Vasco de Gama, qui put lui proposer le traité d'alliance et de commerce que lui offrait Emmanuel; mais, par malheur, ces premières démonstrations amicales ne devaient pas être de longue durée.

Les Portugais ne savaient pas encore ce qu'était alors l'Inde, et, ne supposant pas qu'elle contînt de véritables royaumes pouvant lutter, par leurs richesses, avec ceux de l'Europe, ils avaient négligé de se munir de présents ayant assez de valeur pour être offerts aux monarques indiens.

Cette faute, légère en apparence, eut des résultats décisifs. Elle empêcha le roi de Calicut de croire à la puissance du roi de Portugal et à l'importance de ses États. Aussi ne se gêna-t-il en aucune façon pour changer brusquement d'allure et pour marquer à Gama le peu de cas qu'il faisait de lui.

Confiné dans un des plus pauvres quartiers de la ville, Gama fut abreuvé de dégoûts, et bientôt des prétentions insultantes s'élevèrent, des exigences déraisonnables se produisirent; enfin les hostilités commencèrent.

Vasco de Gama fut menacé, ainsi que ses compagnons, de perdre leur liberté, et quelques coups de canon terminèrent le séjour des Portugais à Calicut, qu'ils quittèrent en emmenant six prisonniers, le 29 août 1498.

Le 20 mars 1499, assailli par une tempête dans les environs du Cap Vert, Gama fut séparé des deux bâtiments, qui marchaient de conserve avec lui et qui continuèrent leur route ; ce fut donc Nicolas Coelho qui vint rendre compte à Lisbonne du succès du voyage.

Quant à Vasco de Gama, après avoir perdu son frère aux Açores, il ne rentra que le 29 août dans la capitale portugaise, où le roi le salua du titre d'amiral des mers de l'Inde, et, voulant lui donner une preuve éclatante de sa reconnaissance, lui conféra la grandesse et le titre de comte de Vidigueyra.

Un grand événement était accompli : les Indes étaient enfin découvertes. L'année suivante, l'immense empire du Brésil appartenait au Portugal.

Mais avant de le suivre en cette progression glorieuse de sa fortune, retraçons brièvement les faits saillants qui se produisirent dans cette lutte terrible qu'on appelle la conquête des Indes.

III

LA CONQUÊTE DES INDES

III

LA CONQUÊTE DES INDES

Lopez de Castanneda a consacré huit volumes à l'histoire de la découverte et de la conquête des Indes, et ce nombre suffit à peine pour consigner les événements dont cette contrée fut le le théâtre !

Nous serons plus sobre de détails, et nous ne nous attacherons qu'à faire ressortir la pensée politique qui présida aux actes importants des différents souverains du Portugal, quand ils s'imposèrent la lourde tâche de gouverner des peuplades barbares, disséminées sur une étendue de douze cents lieues de côtes, et dont l'esprit inquiet et turbulent était une source continuelle de démêlés et de périls.

L'Europe entière avait les yeux fixés sur le Portugal, et tous les princes chrétiens, jaloux des immenses avantages que devaient valoir à ses habitants leurs découvertes de plus en plus importantes, admiraient, sans pouvoir l'imiter, la persistance soutenue que les successeurs d'Edouard avaient apportée dans la mission qu'ils semblaient s'être léguée, de reculer les bornes du monde connu, jusqu'aux extrémités les plus lointaines.

Emmanuel ne se contenta pas d'avoir vu ses vaisseaux aborder aux plages de l'Inde; il voulut que le nom portugais fût respecté, comme il devait l'être, là où le drapeau du Portugal avait été porté d'une main ferme, et après avoir récompensé Vasco de Gama, il expédia une nouvelle flotte vers les Indes, sous la conduite de Cabral, qui, ayant découvert le Brésil sur son passage, alla débarquer à Calicut, où il conclut un traité avec le Zamorin. Mais l'alliance dura peu ; les Maures y mirent bon ordre, ils se ruèrent sur les Portugais, et le sang coula,—rosée féconde et généreuse qui devait faire germer des héros sur ces terres vierges du contact européen !—Plus de cinquante hommes, réunis dans une factorerie où commandait Ayres Correa, furent massacrés.

A Cochin, l'accueil fait à Cabral fut plus sincère et plus empressé, ainsi qu'à Cananor ; toutefois, lorsqu'il revint à Lisbonne, ce fut pour instruire Emmanuel de la mauvaise foi des Maures, et des pertes qu'ils lui avaient fait éprouver. Le roi, désireux de venger sur les musulmans la mort de ses braves navigateurs, envoya Vasco de Gama vers la côte du Malabar, avec vingt caravelles armées en guerre.

Le héros portugais soumit Cananor, et, se portant vers Calicut, exigea que tous les musulmans fussent chassés de la ville. Le Zamorin refusa. Gama montra alors quel serait le sort des villes qui tenteraient de le recevoir en ennemi et il bombarda Calicut; puis cette leçon donnée au Zamorin, il prit le chemin de Cochin, dont le souverain s'empressa de lui accorder les traités politiques et commerciaux qu'il lui demanda.

Assurément, les rigueurs excessives que Vasco de Gama déploya contre les habitants de Calicut, et que certains historiens ont encore exagérées à plaisir, ne sauraient être exercées ni excusées de nos jours, mais alors elles furent presque nécessaires pour frapper de terreur les musulmans, qu'une haine vivace animait contre les Portugais, et, tout en les déplorant, on ne peut s'empêcher de reconnaître que c'était peut-être le seul moyen de faire comprendre aux différents chefs de ces tribus altières, que leur résistance aux desseins du Portugal, qui ne demandait que l'établissement de rapports d'amitié et de commerce, était inutile, et que la moindre tentative de trahison ou d'hostilité serait punie d'une façon exemplaire.

En parlant de la sorte, nous n'avons nullement l'intention de nous faire l'apologiste de cruautés qu'il est impossible d'approuver; nous croyons seulement qu'on peut les expliquer en se plaçant au point de vue des idées d'alors, et en se reportant à l'époque où elles furent commises. Du reste, les faits eux-mêmes viennent à l'appui de ce que nous avançons. Après la seconde expédition de Vasco de Gama, les petits souverains hindous et les marchands arabes reconnurent la suprématie des Portugais, et, sous l'empire de la crainte, se décidèrent à traiter avec eux; or, il est bien certain que sans l'emploi de ces mesures énergiques, les rois de Cochin et de Cananor, au lieu de devenir les alliés de Gama, n'eussent pas manqué de faire cause commune avec le Zamorin.

Vasco de Gama eut l'honneur de pénétrer le premier dans l'Inde, mais il ne fut que le pionnier, l'éclaireur du grand homme qui en fit la conquête, de l'illustre Albuquerque. Heureux les peuples dont les gouvernants ont de tels auxiliaires!

Il était réservé à l'heureux Emmanuel de régner sur une pléiade, dont l'astre le plus lumineux fut, sans contredit, Alphonse Albuquerque.

Appartenant à l'une des meilleures familles du royaume, issue de sang royal, une de ces familles qui grandissent à l'ombre du trône et s'en constituent les fidèles soutiens, Alphonse d'Albuquerque, dont la gloire est impérissable, était grand écuyer d'Emmanuel, lorsque celui-ci, cherchant autour de lui un homme éminent pour lui confier les grands intérêts qui allaient désormais s'agiter dans l'Inde, jeta les yeux sur lui et sur son cousin François d'Albuquerque.

Il les investit chacun du commandement d'une escadre destinée à consolider la puissance portugaise dans l'Inde. — Tandis qu'une troisième escadre, sous les ordres de Saldanha, devait aller croiser à l'embouchure de la mer Rouge, afin de surprendre et d'arrêter les navires musulmans.

François d'Albuquerque arriva le premier à Cochin, après avoir recueilli les débris de la flotte, et Vincent Sodré, que Vasco de Gama avait laissé dans ces parages, pour y protéger les Portugais et leur allié le roi de Cochin. Sodré avait cru devoir s'éloigner. Pendant ce temps, le Zamorin avait attaqué le roi de Cochin, en l'obligeant à abandonner sa capitale.

L'arrivée des Albuquerque fit changer la face des choses.

Alphonse, brûlant du désir de signaler son nom dans la carrière qui s'ouvrait devant lui, combattit en personne avec une intrépidité peu commune ; aidé de son cousin et de quelques hommes seulement, il parvint à mettre les ennemis en fuite en en faisant un terrible carnage, puis il donna l'ordre de brûler la ville de Repelin, malgré la résistance obstinée de deux mille hommes qui la défendaient.

Le Zamorin s'estima heureux alors d'acheter la paix aux conditions qu'Albuquerque lui imposa.

C'était d'ailleurs le parti le plus sage, car les

rois hindous, dans l'espérance d'être déchargés du tribut qu'ils payaient au Zamorin, et d'agrandir leurs États à son détriment, venaient les uns après les autres se déclarer vassaux de la cour de Lisbonne. Bientôt les navires des Maures et ceux du Zamorin lui-même n'osèrent plus paraître.

La paix faite, les Albuquerque repartirent. Malheureusement Alphonse seul aborda à Lisbonne, François disparut dans quelque tempête qui l'engloutit avec les vaisseaux qu'il commandait. Alphonse fut sensible à cette perte, mais sa grande âme se consola en songeant que c'était en servant son roi et son pays, que son cousin avait trouvé la mort.

Le départ des Albuquerque avait encore une fois relevé toutes les espérances du Zamorin. Au mépris de la foi jurée, il appela à lui les rois et les princes du Malabar, ceux de Tanor, de Bespur, de Kotugan et de Korlu et réunit une armée de 50,000 hommes dont 4,000 s'embarquèrent pour venir prendre Cochin. Mais un lieutenant d'Albuquerque, Édouard Pacheco, à la tête de huit ou neuf cents Portugais, n'hésita pas à venir au secours du roi de Cochin que ses troupes pusillanimes étaient incapables de défendre, et ce fut avec cette poignée de braves que Pacheco défenseur intrépide de son allié, accomplit un de ces merveilleux faits d'armes dont le souvenir domine l'histoire de la conquête, et dont on ne trouverait pas un second exemple. Sept batailles furent gagnées par ce vaillant allié du roi de Cochin, et, dit le Camoëns : « Les hauts faits des Portugais sur-« passèrent en réalité ce qu'avait inventé la « Fable. » Ces victoires prodigieuses forcèrent le Zamorin à se soumettre et à abdiquer.

Emmanuel toutefois ne se laissa pas abuser par des succès que les hasards de la guerre pouvaient d'un instant à l'autre tourner en défaites, et son génie administratif lui suggéra la pensée d'établir aux Indes un gouvernement régulier, dont l'action fortifierait non-seulement ses flottes, mais les villes mêmes où ses généraux avaient commencé des établissements. Il institua donc une vice-royauté dont le premier titulaire fut François d'Almeida, fils de don Lopès Almeida, premier comte d'Abrantès, et comme sa sagacité habituelle lui avait fait deviner que si des richesses immenses pouvaient lui arriver des Indes, ce serait à la condition d'en détourner les sources en arrachant aux musulmans le commerce dont ils avaient le monopole et en détruisant les Arabes du golfe Persique. Ce fut contre ceux-ci qu'en 1506, il fit mettre une flotte de quatorze vaisseaux à la voile; le commandement en fut donné à A. d'Albuquerque et à Tristam da Cunha. Albuquerque était en outre nanti d'une lettre royale qu'il devait ouvrir en 1508, époque à laquelle expirait le mandat de vice-roi donné à Alméida pour trois ans.

Quand on songe à la quantité de navigateurs distingués, d'habiles capitaines que le Portugal tirait de son sein pour former le contingent de tant de flottes, envoyées soit à la découverte, soit à la conquête, on éprouve une véritable admiration. Heureux les souverains qui, au milieu des préoccupations de toute espèce que les événements européens leur suscitaient, trouvaient encore le moyen d'être en mesure de pourvoir aux besoins, sans cesse renaissants, d'hommes, de matériel et d'argent qu'entraînaient ces fréquentes et nombreuses expéditions.

La marche d'Albuquerque fut un véritable triomphe; le nom de Mars portugais que l'histoire a donné à l'illustre conquérant, il le mérita dès le commencement de sa carrière. L'itinéraire de sa flotte guerrière, sa découverte de Madagascar, sa relâche à la côte d'Afrique, la prise de Curiate, celle de Mascate, de Soar, d'Orfacate et la victoire qu'il obtint à Ormuz, dont il força le roi à payer au Portugal un tribut de 12,000 cruzades et où il éleva une forteresse, la prise de Kalazas et vingt autres glorieux faits d'armes sont là pour l'attester.

Albuquerque marqua chacun de ses pas par un succès : il prit Goa, il prit Malaca, il prit enfin tout ce qui ne voulut pas se soumettre ; il vainquit tout ce qui lui opposa de la résistance, et bien que souvent il eût à lutter contre des conseillers timides, des subordonnés envieux ou obstinés et qu'il eût en outre à combattre certaines vues d'Alméida, il parvint, à force de volonté et de génie, à ramener chacun à l'obéissance, et, plein de foi dans la réussite de ses projets, il persévéra jusqu'à la fin en n'écoutant que les inspirations de son esprit.

Nous serions injuste si, en rendant au grand Albuquerque la justice qui lui est due, nous passions sous silence les droits que s'acquit d'Alméida à la reconnaissance de ses concitoyens. Doué d'une nature chevaleresque et d'un grand fonds d'énergie, il fit la guerre par goût et frappa fort pour montrer la puissance de ses armes. Il saccagea et brûla Quiloa, Panane et Dabul; il établit des Portugais au royaume de Sofala; il battit la flotte indienne; ses victoires enfin firent trembler l'Orient, et si, mal conseillé, il refusa d'abord de se démettre de ses fonctions en faveur de d'Albuquerque, cela ne doit pas faire oublier les services qu'il rendit.

Après avoir enfin compris qu'il ne pouvait, sans désobéir à son roi, conserver plus longtemps un pouvoir qui ne lui appartenait plus, il l'abandonna et revint en Portugal; malheureusement il fut tué au cap de Bonne-Espérance dans une rencontre avec les Caffres.

D'Albuquerque ne fut pas seulement un homme de guerre, et il ne se borna pas à conquérir de nouveaux territoires; son principal soin fut d'en assurer la conservation au Portugal en y favorisant la colonisation, et en ne négligeant rien pour la prospérité des établissements dont il était en quelque sorte le fondateur. Ormuz fut une des conquêtes dont il se félicita le plus, parce qu'il avait admirablement compris l'avantage que pouvait tirer sa patrie de la position géographique de cette ville, dont la possession le rendait maître de la navigation du golfe Persique.

N'ayant pu prendre Aden, qui lui eût assuré celle de la mer Rouge, il forma une alliance avec le roi d'Éthiopie dans le but de détourner le cours du Nil en lui ouvrant un passage par la mer Rouge. Ce projet, grandiose comme tous ceux formés par d'Albuquerque, ne put être mis à exécution faute du temps nécessaire.

Une déplorable fatalité vint hâter la mort de celui qui avait voué sa vie au service de son pays et de son roi.

D'Albuquerque avait cru devoir renvoyer, comme prisonniers, en Portugal, deux hommes dont il avait à se plaindre. Soudain il apprit que non-seulement ces deux hommes avaient été remis en liberté, mais que l'un était nommé en outre capitaine général de Cochin et que l'autre lui était adjoint en qualité de secrétaire.

Cette nouvelle accabla le vice-roi dont la santé était déjà délabrée par les fatigues, ce fut pour lui le coup de la mort. « Au tombeau, au tombeau! vieillard fatigué, » dit-il avec douleur, et immédiatement il se fit conduire à Goa où il expira après avoir écrit à Emmanuel pour lui recommander son fils. « Quant aux choses de l'Inde, ajouta-t-il dans sa lettre au roi, je n'en dis rien, elles vous parleront pour elles et pour moi. »

Bien que des historiens aient prétendu qu'Albuquerque avait encouru la disgrâce de son roi, rien n'est moins exact. Le sage monarque savait trop que le conquérant des Indes était un loyal serviteur pour croire, ainsi qu'on tenta de le lui persuader, qu'il voulait se rendre indépendant de la métropole; et ce qui le prouve, c'est une lettre qu'Albuquerque ne reçut pas, par suite d'un retard imprévu, mais qui, écrite par Emmanuel, l'investissait du titre de gouverneur suprême de l'Inde en lui laissant toute prééminence et en lui donnant une autorité complète sur tout le monde. Le monarque priait son illustre représentant de ne pas prendre en mauvaise part la division qu'il avait faite du gouvernement et terminait sa lettre en rendant justice de la façon la plus éclatante au mérite du vice-roi. Il faut donc attribuer absolument à un fâcheux retard la douleur que ressentit Albuquerque en se croyant disgracié, et n'en pas rendre responsable la mémoire d'Emmanuel.

Le plus bel éloge qu'on puisse faire d'Albuquerque est dans ces paroles des Hindous, qui le pleurèrent : « Il n'est point mort, dirent-ils, il est allé commander les armées du ciel. »

Cette mort jeta la consternation dans Goa, et longtemps après les rois de l'Inde se rendaient en pèlerinage au tombeau d'Albuquerque pour lui demander justice contre les vexations de ses successeurs.

Ce fut pendant le temps de sa vice-royauté, qu'Antonio et Francisco d'Abreu découvrirent Anjoam, Simbala, Solor, Galam, Mauluoa, Vitara, Rosolanguim et Arons.

Lope Soarez d'Albergaria, celui-là même qu'Albuquerque avait envoyé prisonnier à Lisbonne, lui succéda, mais il n'eut pas la haute dignité de vice-roi, il ne fut que le troisième gouverneur de l'Inde.

Alméida avait jeté les fondements de la puissance portugaise dans ces contrées ; Albuquerque avait élevé l'édifice jusqu'au comble ; mais à partir de la mort de ce dernier, on vit son ouvrage décliner de jour en jour, et sans faire de nouvelles conquêtes, on se borna, pendant un certain laps de temps, à défendre celles faites précédemment.

En 1516, Soarez fut chargé par le roi Emmanuel d'une expédition dans la mer Rouge ; une flotte de vingt-sept vaisseaux portant 1,200 Portugais et 1,600 Malabares l'y conduisit ; il eût pu prendre Aden, laissé sans défense : il préféra poursuivre la flotte égyptienne qu'il n'atteignit pas, et se contenta de brûler Zeila et Barbara, sans profit. Mais l'année suivante il reprit la mer et força le roi de Columbo à payer tribut au roi de Portugal.

Dans cette même année, Edouard Coelho fit un traité avec le roi de Siam, et Fernand Perez d'Andrada s'avança, non sans peine, jusqu'à Canton, où il obtint aussi un traité de commerce.

Lopez de Sequeira, qui succéda à Soarez dans l'administration de l'Inde, tenta de s'emparer de Diu, mais ce fut inutilement. Georges d'Albuquerque, parent de l'illustre vice-roi, et qui était gouverneur de Malaca, essaya également sans succès de se rendre maître de l'île de Java. Ce fut aussi pendant le gouvernement de Sequeira qu'Antoine de Brito fit voile pour les Moluques, dans le but d'élever un fort à Ternate. En arrivant dans l'archipel, Brito fut étrangement surpris de rencontrer des Espagnols établis à Timor, l'une des îles. Ils y étaient venus, conduits par Magellan, Portugais de naissance, qui se fit Espagnol, et dota son pays d'adoption des découvertes maritimes dont il priva volontairement sa patrie, pour satisfaire une rancune personnelle. Magellan croyait avoir droit, en récompense des services qu'il avait rendus dans la marine, à certaines faveurs, qui lui furent refusées. Le dépit qu'il en ressentit, l'engagea à aller offrir ses lumières et son habileté à Charles-Quint, après s'être fait naturaliser Espagnol.

Charles-Quint se hâta d'accepter ses propositions, et Magellan, parti d'Espagne en 1519, s'avança au sud de l'Amérique, passa un détroit, auquel il donna son nom, et traversant l'océan Pacifique, arriva aux Indes, où il fut tué en 1521, laissant une belle réputation de marin, réputation entachée malheureusement d'un manque de patriotisme ineffaçable.

La forteresse de Chaul fut encore construite sous Sequeira, et les Portugais se trouvèrent en relations directes avec l'Abyssinie. Son successeur Edouard de Menezes, continua avec vigueur la guerre contre Malaca, mais les Portugais furent attaqués à Sumatra, et mis dans la nécessité d'abandonner le fort de Pasany.

Jean III, qui était monté sur le trône de Portugal à la mort d'Emmanuel, sentit qu'il fallait à l'Inde un vice-roi, ferme et énergique. Il se souvint de Vasco de Gama, et l'envoya succéder à Menezes ; Vasco de Gama, homme d'action et sage administrateur, eût sans doute rendu de grands services au pays, si la mort n'était venue le frapper après trois mois de pouvoir.

Henri de Menezes, qui fut pourvu de ses fonctions, mourut aussi en les exerçant, et il ne put empêcher le Zamorin de venir, à la tête de forces imposantes, surprendre le fort de Calicut et le détruire; mais, d'un autre côté, Menezes brûla Coulette, et remporta une victoire signalée sur le roi de Bentam.

Ce fut après la mort de Menezes, survenue en février 1526, qu'une fâcheuse dissidence se manifesta dans l'Inde.

Pierre de Mascarenhas, qui avait été désigné pour succéder à Menezes, faisait la guerre aux Malais; en son absence, le second successeur désigné, en cas d'empêchement, Vaz de Sampayo prit provisoirement les rênes de la vice-royauté, en promettant de la remettre fidèlement à Mascarenhas, lorsqu'il se présenterait pour la réclamer ; mais une fois en possession du pouvoir, il le garda, et se maintint au prix du sang, ce qui sépara le peuple en deux fractions opposées. Toutefois, les Orientaux ne purent profiter de cette division, et furent battus en plusieurs rencontres.

En 1526, Hector de Sylveira se rendit maître de Dhasar, sur la côte de l'Arabie, et pénétrant dans la mer Rouge, il réduisit les îles de Mazua et de Dalaka.

Dans le cours de cette même année, l'île Célèbes fut découverte, ainsi que celle de Borneo, et le roi de Bantam, qui ne cessait d'attaquer Malaca, fut enfin vaincu ; sa capitale, défendue par 7,000 hommes, tomba au pouvoir des Portugais avec un immense butin et 300 pièces de canon. Le roi se soumit et devint vassal de Lisbonne, en payant un tribut annuel.

Cent cinquante princes étaient tributaires du Portugal, qui faisait trembler l'empire du Maroc et tenait l'Orient depuis Ormuz jusqu'à la Chine, lorsque Nuño da Cunha fut promu au gouvernement des Indes.

Ce choix était heureux. Il est d'ailleurs à remarquer que les rois de Portugal se trompèrent rarement sur la valeur des hommes auxquels ils confièrent les délicates fonctions de vice-roi ou de gouverneur des Indes, et montrèrent généralement une pénétration et une sagacité singulières.

Da Cunha, avant de se rendre à Goa, détruisit Montbaze; ensuite, tombant sur Ormuz, il fit prisonnier le vizir du roi, et, peu de temps après, il anéantit le pouvoir du sultan Bahdour, l'ennemi le plus redoutable que les Portugais eussent dans ces contrées.

Sous son gouvernement, nombre de villes furent brûlées, des royaumes ravagés, des princes soumis, les Arabes exterminés. Ce ne fut que guerres et victoires, et comme on rencontre toujours un D'Albuquerque là où il y a de la gloire à acquérir et des dangers à courir, ou des services à rendre au pays, on vit un Manuel d'Albuquerque brûler toutes les villes qui existaient depuis Tarapoor jusqu'à Basaïm, et soumettre au tribut Tanna, Bandora, May et Bombaïm. Le roi de Cambaye signa, en 1534, un traité en vertu duquel tous les vaisseaux qu partiraient de Cambaye pour la mer Rouge devaient toucher à Basaïm et payer des droits; ils ne pouvaient point aller dans d'autres lieux sans la permission des Portugais, et, enfin, le prince s'engageait à ne faire construire ses vaisseaux de guerre dans aucun autre port.

Le roi Bahdour était alors un des plus puissants princes de l'Inde. L'empereur du Mogol lui déclara la guerre, et lui prit sa capitale. Bahdour comprit qu'il n'y avait de salut pour lui que dans une alliance avec le Portugal, alliance à laquelle Da Cunha consentit, sous la condition de pouvoir bâtir un fort à Diu, ce qui lui fut accordé. C'était un avantage immense pour les Portugais ; aussi, lorsque, grâce à eux, l'empereur du Mogol se fut éloigné, Bahdour regretta bientôt d'avoir accordé si vite la permission qui lui avait été demandée, et avec la perfidie habituelle aux Maures, il médita de se défaire de ses nouveaux alliés. Dans ce but, priant Da Cunha de se rendre à Diu, il tenta de le faire tuer ; mais Da Cunha était sur ses gardes, et, secondé par les officiers du fort, parmi lesquels était Tristan de Païva, un noble descendant d'Alphonse de Païva, le compagnon de Covilham, ce fut le traître Bahdour qui paya de sa vie sa criminelle tentative.

Da Cunha entra à Diu, dont les portes lui furent ouvertes, et s'empara d'une artillerie formidable.

Cependant l'empereur de Turquie, Soliman II, construisait à Suez une flotte redoutable pour faire la guerre aux Portugais dans les Indes. Douze mille janissaires, commandés par Soliman-Pacha, et soixante-cinq navires, se présentèrent devant Diu, qu'Antonio de Sylveira défendait. Sa bravoure et son habileté obligèrent le pacha à se retirer honteusement : Diu resta au Portugal.

Étienne de Gama, devenu gouverneur des Indes, remporta des avantages signalés sur la côte de Malaca, où il soumit Ujomtama, tandis qu'Antoine de Galvan se couvrait de gloire à Tidor, où il vainquit huit rois ligués, et qui disposaient de cinquante mille hommes.

Étienne de Gama remit le gouvernement à Alfonse de Souza, qui, en 1535, avec une flotte de quarante navires, avait pris et détruit Daman et anéanti la puissance des princes malabares dans l'île de Repelim, qu'il avait mise au pillage.

Son premier acte, comme gouverneur, fut de raser la forteresse de Batecala ; puis il réforma quelques abus qui, peu à peu, s'étaient glissés dans l'administration ; mais Jean III, qui du fond de son palais de Lisbonne suivait la marche des événements dans l'Inde, ne pouvait se défendre d'une certaine inquiétude pour l'avenir. Il avait observé que les grands succès obtenus jusqu'alors par ses armes avaient donné aux colons des habitudes de domination abusive, qui les rendait cruels sans nécessité et destructeurs par goût. Il était dès lors à craindre qu'un pareil état de choses n'amenât, un jour ou l'autre, quelque soulèvement général, et pour l'empêcher, il n'y avait qu'un moyen : celui d'assurer, par la pacification, les conquêtes déjà faites. Le temps n'était plus où, comme à l'époque du grand Albuquerque, il fallait frapper fort pour intimider, et vaincre quand même. Les Indes appartenaient au Portugal : il ne s'agissait donc que de les conserver, et, sans faire succéder la faiblesse à l'audace, il n'était besoin que d'être fort sans être agressif.

Pour en arriver là, il fallait rencontrer un homme supérieur, qui fût à la fois homme d'énergie et homme de grand sens, alliant le courage à la prudence, la fermeté à la justice, marchant droit devant lui, sans s'inquiéter des obstacles ou des difficultés, afin d'atteindre le sage but indiqué par Jean III.

Le roi de Portugal rencontra celui qu'il

lui fallait dans Jean de Castro, et ce fut lui qu'il chargea du soin de réformer les conquérants, sans cependant abandonner les conquêtes.

Avant de suivre le grand capitaine dans son œuvre, voyons quel était alors l'état des possessions portugaises en Orient.

Elles s'étendaient sur un espace de 4,000 lieues le long des côtes, depuis le cap de Bonne-Espérance jusqu'au cap de Ning-Po, en Chine, sans y comprendre les rivages de la mer Rouge et ceux du golfe Persique, qui comptaient encore environ 1,200 lieues.

On les divisait en sept parties :

La première, s'étendant du cap de Bonne-Espérance à la mer Rouge, comprenait le Monomotapa, Sofala, Mozambique, Quiloa, Pemba, Melinde, Pata, Brava et Magadoxa ;

La seconde était formée par la côte d'Arabie ;

La troisième, depuis le golfe Persique jusqu'aux Indes, renfermait Ormuz, Guadel et le Sinde, avec une partie de la Perse et le royaume de Cambaye ;

La quatrième s'étendait depuis le fleuve Indus jusqu'au cap de Comorin, c'était l'Inde proprement dite ;

La cinquième, depuis le cap de Comorin jusqu'au Gange, contenait le Coromandel et Orixa;

La sixième, depuis le Gange jusqu'au cap de Singapara, était composée des royaumes de Bengale, de Pegu, de Tanazarim-Malaca;

La septième enfin, comprise entre le cap de Singapara et celui de Ning-Po, offrait les royaumes de Pahang, Lugor, Siam, Cambodia, Tsiampa, la Cochinchine et Macao.

Elles comportaient encore l'île de Ceylan et l'île de Timor.

Nous allons maintenant donner un aperçu de ce qu'elles devinrent sous le gouvernement de Jean de Castro et de ses successeurs.

Dès son arrivée aux Indes, Jean eut à faire la guerre au roi de Balagate, Hidal-khan, et ce fut son fils, Alvaro de Castro, qui fut chargé par lui de soutenir la lutte contre le chef musulman; il remporta une victoire complète, et s'empara de la ville de Cambre, qu'il réduisit en cendres.

La paix signée avec Hidal-khan, Jean de Castro s'occupa, avec le concours du vénérable missionnaire François Xavier, à renverser le culte idolâtre pour y substituer la connaissance et la pratique de la religion catholique.

Mais il ne devait pas rester pendant longtemps sans combattre ; en effet, le sultan Mahmoud ne pouvait se résoudre à voir le fort de Diu occupé par les Portugais, et il se saisit d'un prétexte futile pour entamer des hostilités que Jean de Mascarenhas, qui commandait à Diu, n'était pas en mesure de repousser. Jean de Castro envoya donc ses deux fils à son secours, et, bien qu'infiniment inférieurs en nombre à leurs ennemis, les Portugais firent des prodiges de valeur, dont le moindre eût suffi pour illustrer une nation.

L'histoire de ce siége est une des plus belles pages des annales de l'Inde portugaise. Jean de Castro, qui fut obligé d'en prendre personnellement le commandement, et qui y perdit son fils Fernand, s'y couvrit de gloire. Les Turcs furent entièrement mis en déroute, et la ville livrée au pillage tomba au pouvoir des Portugais.

Ce fut à l'issue de ce siége, que le gouverneur de l'Inde fit un emprunt aux habitants de Goa pour rebâtir la forteresse de Diu, et, coupant sa barbe, la donna en gage à ses créanciers.

La victoire de Diu ruina le roi de Cambaye.

Bientôt après, la prise de Baroutch par Georges de Menezes, la nouvelle défaite qu'éprouva le roi Hidal-khan, et la prise de la ville d'Achem, qui fut enlevée par les troupes portugaises, firent présager une pacification générale. Mais le roi de Cambaye et Hidal-khan II, ennemis acharnés du Portugal, réunirent leurs efforts pour tenter de nouveau le sort des armes, qui leur fut encore une fois contraire, grâce à la perspicacité du roi Jean III, qui, dans la prévision de cette agression, avait envoyé une flotte portant 3,000 hommes devant la barre de Goa.

Jean de Castro n'était encore alors que gouverneur ; le second voyage militaire qu'il fit à Diu, l'expédition d'Alvaro à Surate, l'incendie de Daboul, et surtout la fameuse bataille de Saint-Thomé, gagnée par lui contre Hidal-khan, engagèrent Jean III à lui confier le titre de vice-roi, dont il ne put jouir, la mort l'ayant surpris quelques jours plus tard.

Il était resté trop peu de temps aux Indes, et cependant il avait fait beaucoup pour elles ; sous son gouvernement, elles prospérèrent, et l'on peut avancer quelles atteignirent alors leur plus haut degré de splendeur.

Ses successeurs eurent de longues et pénibles

luttes à soutenir. En 1550, les Portugais battirent le Zamorin et détruisirent plusieurs villes qui s'étaient soulevées.

Alphonse de Noronha, qui fut, à la fin de cette année 1550, nommé vice-roi, conserva le pouvoir pendant quatre ans, et l'Inde sous lui fut encore bien agitée ; mais les armes portugaises ne cessèrent d'obtenir des succès. Elles furent victorieuses à Ormuz, contre Soliman, à Ceylan, aux Moluques, et Pedro de Mascarenhas, qui remplaça Noronha, se signala contre les Turcs. Malheureusement, des discussions fâcheuses, des tiraillements existaient parmi les principaux personnages établis aux Indes, et Mascarenhas ne put s'occuper qu'à les apaiser ; il n'eut, au reste, le pouvoir que pendant neuf mois, et son successeur, François Barreto, eut encore à lutter contre l'éternel Hidal-khan, qui, avec une ténacité digne d'un meilleur sort, recommançait sans cesse un duel dans lequel il succombait toujours.

Barreto le battit, comme l'avaient battu ses prédécesseurs, et continua à batailler à Malaca; puis, désireux de signaler son passage au gouvernement des États de l'Inde, par quelque fait qui le rendît célèbre, il se mit en route pour conquérir le Monomotapa, et ne reparut plus dans l'Inde, qui passa sous l'administration d'un vice-roi, dont elle dut garder un bon souvenir : c'était Constantin de Bragance, fils du duc Jean, jeune prince plein d'activité, d'ardeur et de bravoure, et dont les talents égalaient la vertu. Son gouvernement fut marqué par des succès éclatants.

La forteresse de Daman tomba au pouvoir des Portugais; Mangalor fut détruit, et la côte du Malabar devint le théâtre de sanglants combats, où l'avantage resta aux Européens.

Ils perdirent cependant Punicale et Balsar, mais Constantin de Bragance compensa largement ces pertes en livrant au Zamorin une grande bataille dans laquelle ce dernier fut complétement battu.

Pendant trois ou quatre ans, rien d'important ne survint dans ces contrées, mais sous Antoine de Noronha les hostilités recommencèrent de plusieurs côtés, notamment dans l'île de Ceylan, où la guerre fut acharnée, bien qu'elle ne fut désastreuse que pour l'ennemi, puisque ce fut à peine si les Portugais, qui tuèrent des milliers d'hommes, eurent à déplorer la perte de quelques-uns d'entre eux.

Ils furent moins heureux avec les Malabares, qui leur firent éprouver des revers, prélude de ceux, plus graves, qui allaient les atteindre.

Leur puissance avait allumé bien des haines, et toutes les grandes nations de l'Inde s'étaient unies pour leur faire abandonner l'Orient. Pendant plusieurs années, les préparatifs d'un soulèvement général se firent en secret; la cour de Lisbonne, toutefois, en fut informée.

Sébastien avait succédé à Jean III, et ce roi, que la fortune devait si malheureusement trahir, ne négligea rien pour tenter de détruire la ligue qui le menaçait.

Il envoya aux Indes Louis de Taïde en qualité de vice-roi, et, avec lui, des officiers qui avaient appris à les connaître en y combattant précédemment. La coalition indienne était formée et se montrait au grand jour. Aussi la plupart des Portugais venus de Lisbonne furent-ils d'avis, dès leur arrivée, qu'il fallait abandonner les possessions éloignées pour concentrer toutes les forces dans le Malabar et aux environs de Goa, le véritable point de mire de l'ennemi. De Taïde, d'une opinion diamétralement opposée, mit des troupes dans toutes les places menacées. Mangalor, Cochin, Cananor furent soudain attaquées par le Zamorin; Chaul, Daman, Bazaïm, le furent par le roi de Cambaye; le roi d'Achem fit le siége de Malaca; Agalachem, tributaire du Mogol, s'attaqua aux Portugais, qui négociaient à Surate; le roi de Ternate souleva les Moluques et Goa fut assiégé. On le voit, la situation devenait difficile.

Taïde se conduisit, au milieu de tous ses embarras, avec une extrême habileté; malgré ses conseillers, il pourvut à la fois au secours de tous les points attaqués, et soutint, pendant dix mois, le siége de Goa. Il battit le roi de Cambaye, vainquit le Zamorin et finit par contraindre Hidal-khan à abandonner Goa.

Taïde ne borna pas à ces exploits militaires l'usage de son pouvoir ; il s'occupa des finances de l'Inde, en réglementa l'emploi, et son administration sembla faire renaître les beaux jours des temps passés; mais ce ne fut qu'une lueur, semblable à celle que projette la flamme avant de s'éteindre. On sentait que sous une apparence de tranquillité et de prospérité, qui n'existait qu'à la surface, se trouvaient des germes réels de dissolution.

Lorsque de Taïde revint en Portugal, l'administration des Indes fut divisée en trois gouvernements, sous le prétexte que chacun des gouverneurs pût veiller plus facilement à la conservation du territoire qui lui était confié. Cela n'empêcha pas les Portugais de perdre Ternate, tandis que Malaca était assiégé par la reine de Japare.

Mais, grâce à la défense héroïque de Tristan Vaz de Vega, la reine fut obligée de lever le siége et de retirer ses troupes. Toutefois, à partir de ce moment, le prestige des armes portugaises était considérablement diminué : le sol mal affermi tremblait sous les pas de ses conquérants. Louis de Taïde, dont le roi Sébastien avait apprécié la conduite, fut une seconde fois choisi comme vice-roi, et, peut-être, avec des mesures énergiques, eût-il pu conjurer le péril, si la funeste journée d'Alcazar n'était venue, en privant le Portugal de son roi, le priver momentanément aussi de son autonomie, en le faisant passer aux mains de l'Espagne.

IV

LES COLONIES SOUS LA DOMINATION ESPAGNOLE

IV

LES COLONIES SOUS LA DOMINATION ESPAGNOLE

Écrite sans passion, l'histoire doit, pour rester dans le vrai, ne s'appuyer que sur des faits incontestables.

Or, il est bien avéré que l'occupation du Portugal par l'Espagne fut, non-seulement préjudiciable à la nation vaincue, mais encore qu'elle ne profita, en aucune façon, aux vainqueurs, qui ne furent occupés qu'à maîtriser leur conquête jusqu'au jour où elle leur échappa.

Que dire de ces soixante années d'occupation étrangère?

Qu'elles suffirent pour amener la perte des Indes, et cela se comprend.

Les Indes découvertes, conquises et administrées par des Portugais, dont les habitants étaient Portugais, ou issus de Portugais, ne pouvaient être dominées que par eux ; une sorte de prestige, que les événements passés avaient produit, tenait en respect les tributaires ; le souvenir de ces grands capitaines, les Albuquerque, les Jean de Castro, était toujours vivant et montrait aux générations successives quels hommes produisait ce Portugal fameux, dont la puissance était invincible.

Quand Philippe II fut sur le trône de Lisbonne, les Indiens comprirent vaguement qu'ils n'avaient pas, cette fois, à se soumettre à l'autorité d'un nouveau roi succédant paisiblement à un autre, mais qu'ils allaient être en présence des vainqueurs du Portugal, désireux de jouir de tous les biens qu'il possédait.

S'ils avaient supporté jusqu'alors le joug des Portugais, c'est que ceux-ci, en échange de leur indépendance, leur avaient apporté les bienfaits du commerce et ceux de la civilisation ; quant aux Espagnols, ils ne leur devaient rien, et ne pouvaient les considérer que comme des ennemis, s'ils ne se présentaient pas comme des libérateurs. Or, l'Espagne voulut bien profiter des avantages attachés à la possession des colonies, mais elle ne fit rien pour elles ; aussi ne put-elle les conserver ni empêcher les autres de s'en emparer.

Quand les historiens parlent de cette époque fatale, ils la désignent sous le nom des : « soixante ans de captivité. »

Captivité ! Oui, captivité bien sensible pour ces fiers conquérants, habitués à faire retentir le monde du bruit de leurs exploits, et qui durent renoncer à toute entreprise glorieuse, assister à la décadence de leur chère patrie, et rester paisibles spectateurs des événements qui leur enlevaient une à une les plus belles contrées de l'Amérique méridionale, de l'Afrique et de l'Inde, qu'ils avaient soumises, arrosées de leur sang généreux, tandis que chaque année qui s'écoulait marquait son passage par des défaites et des revers. L'Espagne savait cela, et elle ne pouvait s'y opposer. Impuissante alors à éteindre l'incendie qu'elle avait allumé, elle fit les affaires de la Hollande et de l'Angleterre ; surtout de l'Angleterre qui suivait d'un œil attentif et cupide les progrès du mal, qui guettait l'heure de l'épuisement complet de la victime, pour accourir quand elle serait devenue incapable de se défendre, et pour profiter de sa faiblesse et la dépouiller sans vergogne.

En 1594, les Anglais prennent le récif de Fernambouc et s'emparent de la cargaison d'un navire venu de l'Inde qu'ils y trouvent.

En 1595, ils se rendent maîtres du château d'Arguim, sur la côte d'Afrique; ils saccagent Faro, ils pillent, ils brûlent tout ce qu'ils peuvent prendre, ils détruisent les forteresses du cap de Saint-Vincent et de Sagres.

En 1596, ils mettent à feu et à sang Buarcos.

En 1597, ils portent la désolation et la mort aux îles Saint-Miguel, au Fayal, à l'île du Pic; ils ruinent la forteresse de Quixome; aux Indes ils prennent Ormuz.

Pourquoi tous ces incendies, ces pillages et ces massacres?

C'était alors la politique de l'Angleterre, politique ambitieuse, astucieuse et jalouse, qu'elle a religieusement conservée jusqu'à l'époque où nous vivons.

Il est vrai que, de leur côté, les Hollandais pillaient l'île de Santiago, au Cap Vert, Saint-Thomas, Porto da Cruz; assiégeaient Angola, brûlaient les embarcations qui se trouvaient au dedans de la barre, et s'emparaient des forteresses de Cacheu et d'Ocre. Aux Indes, ils prenaient les Moluques, le fort de Tidor; ils assiégeaient Goa, Malaca, mais là ils éprouvèrent une sérieuse résistance, et, pour la vaincre, ils ne trouvèrent rien de mieux que de réduire la ville en cendres.

Trois cents lieues de côte tombent en leur pouvoir, les populations effrayées fuient devant eux, les villes s'écroulent, les remparts tombent, et ce que ne peut entamer le fer, le feu en a raison : on dirait qu'ils sont jaloux de surpasser les Anglais dans leur œuvre de vandalisme et de destruction. Les colonies portugaises sont devenues une curée où chacun veut mordre : le navire va sombrer et tous sont là impatients à se disputer les épaves du naufrage.

Assez longtemps ce hardi Portugal a promené dans le monde ses étendards victorieux, dont les couleurs affectaient péniblement les yeux des peuples rivaux; assez longtemps on s'est incliné devant lui, parce qu'on le craignait. Maintenant il souffre, il décline, il tombe, que chacun ait la gloire de le frapper à terre !........

Mais continuons notre récit et reprenons le fil des événements.

A peine en possession de son nouveau titre

de roi de Portugal, Philippe II eut à soumettre les îles Açoréennes, et surtout celle de Terceire, où s'était retiré le roi Antoine, dont les habitants avaient embrassé la cause, comme ils devaient, deux siècles plus tard, donner des preuves de leur inviolable fidélité à la personne de leur noble souveraine, doña Maria.

Malgré leurs efforts, l'île de Terceire fut obligée de capituler, et sa reddition fut suivie de celle des autres îles, dont le gouvernement fut donné à Jean d'Urbina. Ce fut le commencement des maux sans nombre, que ces îles allaient avoir à endurer. En 1586, Fayal fut dévasté; l'année suivante, ce fut le tour de l'île de Flores, et bientôt les corsaires algériens s'abattirent sur ces malheureuses contrées, et exercèrent, en 1616 à Sainte-Marie, et en 1623 à Gracieuse, des actes de piraterie qui les ruinèrent. Après y avoir enlevé tout ce qu'ils trouvaient à leur convenance, ils emmenaient les habitants dont ils pouvaient s'emparer, pour les aller vendre sur les marchés barbaresques.

Cet état de choses se maintint quelques années encore après la restauration de la maison de Bragance, qui eut tout à faire, lors de son avénement au trône pour réparer les calamités que soixante ans d'absence avaient causées.

Madère était gouvernée par Jean de Gonzalve, fils et successeur de Simon de Gonzalve, comte de Calheta, lors des événements de 1580. Philippe le remplaça aussitôt par un commandant civil, puis par un commandant militaire. Mais, peu satisfait de l'administration de l'un et de l'autre, il réunit la capitainerie à celle de Machico, et en forma un seul gouvernement, dont fut investi Tristan Vaz de Veyga.

Plus tard, les gouverneurs de Madère eurent le titre de capitaines généraux, et ce titre se continua sous la maison de Bragance. Madère fut, du reste, une des colonies le plus à l'abri des événements.

Les îles du cap Vert virent leur administration changée par la volonté espagnole.

Ribeira-Grande, dont la prospérité s'était sans cesse accrue, dont l'importance s'était considérablement développée depuis les premières années du siècle, c'est-à-dire depuis que la capitainerie en avait été donnée à Rodrigo Alfonso, Ribeira-Grande, disons-nous, était régie par des capitans, mais, en 1592, l'Espagne mit à la tête de l'archipel un gouverneur général.

Quant à l'île Fogo, administrée par Jean de de Vasconcellos e Menezes, elle resta dans les mêmes mains ; Philippe II et Philippe III ayant confirmé la donation qui en avait été faite au capitaine de cavalerie de ce nom par le roi Emmanuel le Fortuné.

Maïo appartenait à Antonio de Vilhea ; il tenait sa possession du roi Sébastien, et la conserva sous l'autorité du gouverneur général

Saint-Antoine qui avait été donnée à Jean de Souza par charte de Jean III, en date du 15 janvier 1538, fut concédée par Philippe Ier au comte François de Mascarenhas, dans la famille duquel cette île resta jusqu'en l'année 1754, époque à laquelle elle revint à la couronne.

Le premier gouverneur, chargé de l'administration générale de l'archipel du Cap Vert, fut Edouard Lobo de Gama ; il exerça ses fonctions pendant trois années, et fut remplacé en 1595 par Braz Soares de Mello.

Ce fut sous son gouvernement que les Anglais pillèrent la ville de Ribeira-Grande, dans laquelle ils avaient déjà commis les plus honteux excès, en 1582, sous le commandement de Francis Drake.

En 1597, de Mello fut à son tour remplacé par François Lobo de Gama, qui eut à lutter contre les Hollandais, et fut assez heureux pour les obliger à abandonner le siége de Praïa.

Douze autres gouverneurs, appartenant également à la nation portugaise, se succédèrent pendant le temps que dura l'occupation espagnole, et leur administration fut sans cesse troublée par les événements que suscita la politique du cabinet de Madrid.

La lutte qu'il soutenait contre la Hollande et contre l'Angleterre agitait péniblement les îles du Cap Vert aussi bien que celles des Canaries ou de la mer des Indes, et, sans cesse occupés à repousser des attaques inattendues, à disputer l'intégrité de leurs territoires, les habitants délaissaient les transactions commerciales, sources de leur principale richesse; aussi perdaient-ils chaque jour quelque chose de leur importance et de leur prospérité. Le commerce des possessions portugaises de l'archipel de Guinée reçut également un violent contre-coup de la secousse imprimée à la Péninsule.

Vers le milieu du XVIe siècle, Saint-Thomas était devenu l'entrepôt de tous les produits des îles voisines; mais du jour où les factoreries portugaises passèrent à des mains étrangères, Saint-Thomas fut menacé d'une ruine complète.

La colonisation de Saint-Thomas avait été faite par Jean de Païva, à ses risques et périls; ce gentilhomme, désireux de seconder les vues du roi, n'avait pas craint d'emmener avec lui ses plus proches parents et ses amis; le monarque, qui, de son côté, ne laissa jamais sans récompense un service rendu, soit à sa personne, soit à sa couronne, gratifia le noble colon du don de la capitainerie de l'île, par lettres du 24 septembre 1485. Jean de Païva ne put résister longtemps à l'insalubrité du climat, et au bout de cinq ans, Jean Pereira lui succèda dans sa capitainerie, qui passa plus tard, aux mains de divers autres personnages. Saint-Thomas fut une des îles qui eut le plus à souffrir sous le règne de Philippe. Des nègres marrons, réfugiés dans les bois, attaquèrent les établissements des Portugais, brûlèrent les sucreries, en massacrèrent les propriétaires, et, bien que mis en déroute par des troupes envoyées contre eux, ils se retirèrent au fond de fourrés inextricables, d'où ils continuèrent leurs déprédations.

Puis, comme si ce n'était pas assez pour ruiner les malheureux Européens, un incendie terrible, qui éclata en 1585, réduisit en cendres la majeure partie des maisons de la ville de Saint-Thomas ; et, enfin, dix ans plus tard, un nègre du nom d'Amador, profitant de certains désaccords qui s'étaient élevés entre l'autorité administrative et l'autorité religieuse, leva le drapeau de l'insurrection. Se mettant à la tête de tous les gens de couleur, il se proclama roi de l'île. Toutefois, son règne fut court; car l'année suivante le monarque éphémère fut pris et mis à mort, mais ils avaient eu le temps de se livrer, lui et les siens, à des excès de vengeance cruelle.

Ce n'était pas tout, cependant, et l'île n'était pas encore à bout de calamités ; à peine remise de ces rudes secousses, elle fut attaquée par les Hollandais, qui, sous la conduite de l'amiral Van der Dom, la pillèrent et la saccagèrent. Ces implacables ennemis du Portugal lui livrèrent une guerre à outrance, en capturant ses vaisseaux, en s'emparant de ses comptoirs, et bientôt, tous ceux établis à Rio-Real, à Rio del Rei, à Fernan-do-Pô, à Calabar, tombèrent au pouvoir de la Hollande, ainsi que le fort de la Mine, dont la conquête eut lieu en 1637.

Quoique moins éprouvée, l'île du Prince eut aussi à supporter son contingent de souffrances; les guerres et les attaques des pirates lui causèrent des pertes sérieuses, et il fallut de longues années pour les réparer.

Toutes les îles, d'ailleurs, ressentirent plus ou moins l'influence des événements survenus dans la métropole, en se trouvant soudainement attaquées par les Hollandais et par les Anglais, qui, les uns et les autres, se ruèrent avec furie sur les possessions portugaises désarmées, dont les richesses offraient à leur insatiable rapacité, un attrayant butin.

Après s'être rendus maîtres des Moluques et des colonies de la côte de Guinée, après s'être emparés d'une partie du Brésil, ainsi qu'on le verra dans le chapitre réservé à son histoire, les ennemis du Portugal, passés aux Indes, parvinrent à force de trahisons, de soulèvements, de surprises et de combats, à en chasser presque entièrement ses premiers conquérants : disons d'abord dans quelle situation ceux-ci se trouvaient.

On se souvient que Louis de Taïde avait été envoyé aux Indes en 1578, comme dixième vice-roi, pour tenter d'arrêter les symptômes de désorganisation qui s'y étaient déjà manifestés.

Il n'y arriva que pour faire la paix avec Hidalkhan, et l'avénement de Philippe au trône de Portugal amena la fin de sa mission. Ce fut François Mascarenhas, comte de Villa Dorta, que le nouveau souverain choisit pour le représenter à Goa. Mascarenhas fit la guerre pendant les trois années que dura son gouvernement, et ne put guère s'occuper d'autres soins, bien qu'en maintes circonstances il eût donné des preuves de son savoir-faire administratif et des bonnes intentions dont il était animé. Son successeur, Manuel de Souza, ne manquait pas non plus de mérite, mais le plus habile tous, Mathias d'Albuquerque, qui gouverna le pays de 1591 à 1597 avec le titre de vice-roi, prodigua vainement son intelligence, ses lumières et toutes les qualités dont il était amplement pourvu : rien ne put arrêter la mauvaise fortune qui pesait sur l'Inde.

En 1594, Philippe avait défendu aux Portugais de commercer avec les Hollandais, avec lesquels il était en guerre, mais ce qu'il crut un moyen d'affaiblir la puissance hollandaise fut, au contraire, ce qui contribua le plus à l'augmenter.

L'impossibilité de maintenir leur commerce, sans les productions de l'Orient, les détermina, en effet, à les aller chercher à leur source, et après avoir constitué une compagnie, qui devait, quelques années plus tard, être remplacée par la fameuse Compagnie des Indes, ils envoyèrent en 1595 quatre vaisseaux dans la mer Indienne, sous la conduite de Corneille Houtman, un marchand de leur nation.

Sorti victorieux de quelques légers combats avec les Javanais, Houtman revint en Hollande, où, sur ses indications, une nouvelle expédition se prépara

Lorsque François de Gama fut envoyé à Goa en qualité de vice-roi, les Hollandais, abrités dans le port de Sainte-Hélène, guettaient déjà, pour s'en emparer, le passage des galions portugais expédiés à Lisbonne.

Sous son successeur, Ayres de Saldanha, la lutte était engagée, lutte terrible qui devait amener la perte des colonies portugaises.

L'amiral Van Neck était retourné à Java, avec huit vaisseaux ; les Hollandais, en passant par Mozambique, avaient capturé un galion, chargé d'immenses richesses, sous le feu de la forteresse ; ils en prirent un autre à Malaca.

En 1602, la Compagnie des Indes fut formée par les états généraux des provinces unies, et le mal que fit aux Portugais cette institution est indescriptible. Il consomma leur ruine.

Aussitôt après son établissement, la Compagnie mit en mer quatorze vaisseaux et quelques autres embarcations, sous les ordres de l'amiral Warvick; elle construisit des comptoirs, elle forma des alliances avec plusieurs princes du Bengale, et ne cessa de faire une guerre acharnée aux Portugais, abandonnés à eux-mêmes par l'Espagne, qui voyait avec la plus complète indifférence l'abaissement de ses nouveaux sujets, et qui enlevait au Portugal les soldats qu'il eût pu expédier dans l'Inde, pour les envoyer en Italie, en Flandre et dans les autres contrées de l'Europe, avec lesquelles Philippe III était en guerre.

Et pendant ce temps, comme si, même dans ses plus mauvais jours, le Portugal devait doter le monde du fruit de ses explorations hardies, Pedro-Fernandez de Queiros découvrait, en 1605 et en 1606, la Nouvelle-Hollande ! Mais Malaca était assiégée, mais Alphonse de Castro mourait de chagrin, en voyant les désastres qui allaient fondre sur les Indes, par la perte de cette place.

Alexis de Menezès, archevêque de Goa, succéda à Alphonse de Castro, et, en 1607, il fut remplacé à son tour par André de Mendoça, homme d'énergie, dont le passage à la vice-royauté fut marqué par quelques succès, trop éphémères, malheureusement, pour avoir de l'influence sur l'avenir.

Après lui vint, en 1612, Azevedo, puis Jean de Coutinho, et encore une fois, en 1619, un Albuquerque, Fernand, qui depuis vingt et un ans était aux Indes, où il était chargé du gouvernement de Colombo. En d'autres temps, peut-être, sa capacité et son dévouement de race eussent pu faire beaucoup, mais alors il n'y avait plus qu'à gémir et regretter.

En 1622, François de Gama le remplaça, et après François se succédèrent dix autres gouverneurs ou vice-rois, qui tous s'efforçèrent de retarder l'heure de la décadence, dont le chef audacieux des Mahrates pressait la venue.

Comme si ce n'était pas assez d'avoir à se défendre contre un ennemi puissant, le Portugal avait aussi à lutter de nouveau, dans l'Inde, avec les Anglais, qui, selon leur politique tortueuse, avaient ostensiblement offert leurs services au Portugal pour l'aider à se débarrasser de l'Espagne, mais qui, en réalité, ne se proposaient que de précipiter sa déchéance et d'en profiter.

Ils fondèrent des comptoirs à Java, à Amboine, à Banda; unis aux Persans, ils chassèrent, en 1623, les Portugais d'Ormuz, et obtinrent l'autorisation de construire un comptoir à l'entrée du golfe Persique, convoitant déjà la possession entière de ces Indes fécondes.

Soudain, au milieu de ces ténèbres, une lueur brillante apparaît, un jet éblouissant illumine l'horizon politique; en 1641, un cri de joie unanime s'échappe de toutes les poitrines portugaises, cri de liberté et d'indépendance, qui se répercute en longs échos de Lisbonne à Goa.

Le Portugal n'est plus sous la domination espagnole, et la maison de Bragance a placé sur ce trône envié un de ses enfants, un descendant légitime de ces rois, dont le souvenir est impérissable.

La nouvelle de cette révolution inespérée fut accueillie, dans les Indes, avec de véritables transports d'ivresse; il semblait que la restauration devait, comme un bienfait du ciel, délivrer en même temps les Indes de la présence des Hollandais, et rendre au royaume de Portugal son antique splendeur.

V

LES COLONIES SOUS LES ROIS DE LA MAISON DE BRAGANCE

V

LES COLONIES SOUS LES ROIS DE LA MAISON DE BRAGANCE

Un tressaillement d'enthousiasme se produisit aux Açores, quand on y apprit la restauration portugaise ; les Espagnols, qui tenaient garnison à l'île Terceire, étaient commandés par Alvaro de Viveros, qui, prévoyant bien l'explosion populaire, se fortifia dans la citadelle d'Angra, et tenta de s'opposer au soulèvement général, mais c'était vouloir lutter contre la foudre. Les cris de vive le roi, vive Jean IV ! sortaient de toutes les bouches, le drapeau du Portugal flottait de tous côtés ; chacun s'armait comme il le pouvait, toute arme était bonne aux mains des fidèles sujets de Jean IV. Ils commencèrent par attaquer le petit fort Saint-Sébastien, occupé par les Espagnols, et s'en rendirent maîtres, sous la conduite de la milice de Ribeirinha.

Enhardis par ce succès, ils résolurent de prendre la citadelle, mais l'entreprise était plus difficile. Largement approvisionnée de munitions de guerre, défendue avec énergie, elle résista à un siége de deux ans. Le 24 février 1642, cependant, une capitulation la remit aux mains des Portugais, qui avaient proclamé en grande pompe la reconnaissance du roi Jean, et qui, dans leur patriotisme exalté, avaient pu lutter victorieusement contre les troupes de l'Espagne, envoyées aux Açores pour y soutenir l'autorité de Philippe IV.

Saint-Michel, Fayal et Saint-Georges, peuplés de Portugais dévoués à la cause de leur roi légitime, se rangèrent avec le même enthousiasme sous le sceptre de Jean IV.

Lorsque le roi Alphonse VI, après son abdication en faveur de D. Pedro, quitta le Portugal, ce fut aux Açores qu'il se retira, certain d'y trouver de généreuses sympathies.

Plus tard, les habitants de ces îles donnèrent de nouvelles preuves de leur attachement inviolable à la couronne, en refusant de se soumettre à don Miguel, pour garder leur foi à doña Maria. Et non-seulement les Açoréens protestèrent contre don Miguel, mais encore l'île de Terceire, la première, donna l'exemple d'une résistance ouverte.

Une junte provisoire y fut établie, en octobre 1828, et bientôt une sorte de blocus, formé par des bâtiments envoyés par don Miguel, nécessita une organisation de défense, dont la direction fut donnée au comte de Villaflor, qui prit le commandement de l'île avec le titre de capitaine général.

Les faits remarquables qui signalèrent ce glorieux épisode de l'histoire portugaise sont trop connus, et le souvenir en est encore trop présent à la mémoire de tous, pour que nous les détaillions ici.

Ce fut un spectacle véritablement digne de fixer l'attention de l'Europe, que celui de cette héroïque résistance d'une poignée de braves contre les troupes miguélistes, et il montre, une fois de plus, combien a de force le droit, quand il s'appuie sur l'amour du peuple. L'expédition miguéliste dirigée contre l'île fidèle se composait d'un vaisseau de ligne, de trois frégates, de quatre corvettes, de six bricks et de quatre transports ; elle disposait de trois cent trente-quatre bouches à feu, et trois mille cinq cents hommes de troupes, sous les ordres du colonel Lemos, formaient son effectif.

N'était-ce point un appareil bien propre à intimider tout autres que les vaillants Açoréens?

Mais que leur importait ce déploiement de forces? Ils avaient fait d'avance le sacrifice de leur vie, et la mort leur paraissait douce en défendant leur roi.

La flotte se présenta, le 29 juillet, devant Terceire, qu'on espérait soulever par d'habiles émissaires; mais cette espérance fut promptement déçue, et il fallut en venir à tenter le sort des armes. La ville de Praya fut attaquée.

L'ennemi ne pouvait choisir un lieu de débarquement plus facile, puisque la ville n'était défendue que par trois cent soixante hommes, sous les ordres du major Menezes ; et cependant ces trois cent soixante hommes refoulèrent une colonne de douze cents miguélistes qui s'était emparée du fort Saint-Esprit, et bientôt, aidés par tous les habitants, ils parvinrent, non-seulement à tuer un millier de soldats, mais encore à faire taire le feu de la flotte et à l'obliger de s'enfuir précipitamment à la faveur de la nuit, après avoir rembarqué les débris de l'armée. Villaflor n'avait perdu que neuf hommes, dont trois officiers.

Terceire s'était illustrée par sa belle défense; il était tout naturel qu'elle devînt le siége provisoire du gouvernement; la régence, nommée par don Pedro, y fut installée le 15 mars 1830.

Ce fut de là que partit l'expédition organisée par le comte de Villaflor, dans le but de rallier à la cause qu'il défendait tout le groupe des îles Açoréennes. Certes, si les insulaires avaient été livrés à eux-mêmes, il eût suffi de leur montrer le drapeau de la reine, pour les voir accourir tous se ranger sous ses plis, mais ils étaient tenus en respect par des fortes garnisons de troupes miguélistes, qu'il fallait d'abord vaincre et éloigner.

Villaflor commença ses opérations par l'île de Saint-Georges. A la tête de cinq cents hommes, il fit voile pour cette île, mais le mauvais temps l'obligea à débarquer, le 21 avril, à Santa-Cruz das Ribeiras, dans l'île du Pic.

Cependant, après quelques jours de repos, il se dirigea de nouveau vers Saint-Georges, où, avec l'aide du commandant Pacheco, il entra en vainqueur, ou plutôt en libérateur.

A partir de ce moment, sa marche ne fut plus qu'une suite de victoires; et il délogea l'ennemi du Fayal, et courut l'attaquer, avec non moins de succès, à Saint-Michel.

Les miguélistes s'y étaient retirés et s'y étaient fortifiés, mais l'intrépide Villaflor fit voile du port d'Angra, le 30 juillet, et débarqua le surlendemain, à la tête de quinze cents hommes, qui remportèrent une victoire complète sur l'armée ennemie forte du double.

Le 3 août, il était reçu avec acclamations dans la ville de Ponta-Delgada, et y proclamait la reine et la charte, au milieu de l'enthousiasme général

Sainte-Marie, Gracieuse, Florès et Corvo se déclarèrent spontanément pour la reine.

Les îles Açores peuvent donc s'enorgueillir à juste titre d'avoir, les premières, reconnu l'autorité de leur souveraine, et de lui avoir facilité les moyens de prendre possession d'un trône, dont elle se trouvait injustement privée.

Peu de temps après le couronnement de doña Maria, un décret royal régla la division intérieure des îles Açores, en les partageant en deux arrondissements : celui de la Comarca occidentale, capitale Angra, et celui de la Comarca orientale, capitale Ponta-Delgada. Ce décret en confia l'administration à des gouverneurs.

Nombre de gouverneurs se succédèrent aux îles du Cap Vert, depuis la restauration de Jean IV, mais leur nomenclature serait fastidieuse, peu d'événements importants s'étant produits sous leur domination. En 1712, les Français s'emparèrent de Ribeira-Grande et lui causèrent de sérieux dommages.

Le gouverneur ayant refusé de payer une contribution de soixante mille écus, Cassart, qui commandait l'expédition française, fit sauter les forts et enclouer un grand nombre de canons de fer. Il enleva dix-sept pièces de fonte, deux cents barils de poudre, cinq cent mille livres de marchandises et environ quatre cents nègres; puis, après avoir réduit la ville en cendres, il se retira, emmenant deux vaisseaux portugais qui étaient en rade, et alla attaquer et maltraiter de la même sorte, l'île de Massara.

Santiago souffrit considérablement de la perte de Ribeira, dont la population fut obligée de se retirer dans les montagnes. Avec le temps, la ville se reforma, mais elle ne se releva jamais

11

complétement, et, en 1770, elle avait si peu d'importance que le siége du gouvernement de l'île fut transféré à Villa-da-Praïa, ce qui acheva d'anéantir Ribeira. Saint-Vincent était restée inhabitée et inculte, jusqu'en 1781, époque à laquelle des ordres furent donnés pour la peupler. Ces ordres ne s'exécutèrent point, et en 1795, Saint-Vincent fut concédée à Jean-Charles de Fonseca, qui en prit possession avec le titre de capitan et y mena vingt familles tirées des îles voisines et pourvues de tout ce qui pouvait être nécessaire à leur établissement.

Cependant la colonie prospéra lentement, car, en 1819, elle ne se composait encore que de cent vingt personnes, et son fondateur était mort de besoin. La famine de 1831 en fit périr la majeure partie, mais d'autres colons vinrent remplacer les morts, puisqu'il y a une vingtaine d'années le chiffre de la population dépassait déjà quatre mille, et que ce chiffre est aujourd'hui considérablement augmenté.

Saint-Antoine fit retour à la couronne de Portugal en 1759.

L'île de Brava fut colonisée en 1682, sous le gouvernement d'Emmanuel da Costa, et celle de Sal l'avait été en 1651.

L'histoire générale des îles du Cap Vert, depuis la restauration, peut se résumer en quelques lignes : des révoltes, des désordres intérieurs, mais aucun fait saillant. Souvent en proie à des tiraillements qu'on peut attribuer au peu d'autorité dont était revêtu leur gouverneur, le bruit de leurs dissensions ne dépassa guère les limites de leur territoire. La proclamation de la reine doña Maria se fit aux îles du Cap Vert en septembre 1833, et fut accueillie comme un bienfait ; mais l'année suivante, un bataillon fraîchement débarqué du Portugal, à la Praïa, leva l'étendard de la révolte et se prononça pour don Miguel, en assassinant ses officiers et en saccageant la ville.

Il avait compté sans le bon esprit de la population, qui s'arma courageusement pour lui résister, et l'obligea à se retirer.

Si nous passons des îles du Cap Vert à celles de l'archipel de Guinée, nous verrons celles-ci mêlées plus activement aux graves événements résultant des perturbations éprouvées par le gouvernement central.

En 1641, l'île de Saint-Thomas, déjà si rudement éprouvée, fut de nouveau assaillie par les Hollandais, qui s'en emparèrent et s'établirent dans le port Saint-Sébastien. C'en était fait de la colonie, mais Jean IV avait reconquis son trône, et les Hollandais allaient avoir à se défendre à leur tour.

Le monarque ne fit pas attendre les secours nécessaires ; le capitan Pires de Tavora fut immédiatement envoyé contre eux, et, bloqués de tous côtés, ils furent obligés de capituler en janvier 1644.

Malgré tous ses désastres, l'île recouvra une certaine prospérité sous la seconde administration de Bernardino Freire de Andrade, qui fonda, sur la Côte des Esclaves, le fort de Saint-Jean-Baptiste. Mais à la mort de ce gouverneur, survenue en 1683, des troubles intérieurs agitèrent derechef cette malheureuse île, qui, en 1693, fut encore une fois en butte aux attaques des Angolares, mais la métropole ne laissait plus, comme au temps des Philippe, les colonies livrées à leurs propres ressources, une répression sévère se fit sentir.

En 1709, le 20 avril, deux vaisseaux de guerre français et une frégate vinrent, sous les ordres du chevalier Parent, se présenter devant Saint-Thomas, et après avoir bombardé la forteresse, la firent capituler.

Les Portugais s'étaient réfugiés dans un couvent d'Augustins, situé à un quart de lieue de la ville; les troupes françaises les y attaquèrent, brûlèrent une partie de la cité, s'emparèrent de la caisse du gouvernement, et ne se retirèrent qu'après avoir levé une forte contribution.

Ces diverses agressions n'avaient pas empêché que des conflits ne s'élevassent entre l'autorité civile et l'autorité religieuse, continuellement occupées à empiéter sur leurs attributions respectives, et le roi Joseph-Emmanuel, fatigué des réclamations sans nombre qu'elles suscitaient, coupa le mal dans sa racine : d'abord en instituant, en 1755, à Saint-Thomas, qui avait fait retour à la couronne dès 1744, un simple capitan, et enfin, comme cette première mesure n'avait pu amener une pacification réelle, en rendant un décret en date du 23 juillet 1770, qui défendait à la municipalité de s'immiscer dans les affaires du gouvernement.

L'île du Prince fut l'objet de la sollicitude éclairée du roi Pedro II, qui substitua au pouvoir quasi-féodal des donataires un régime mieux approprié aux besoins de l'époque. En 1694, il y fit construire la forteresse nommée Ponte da Mina, qui reçut l'année suivante une garnison, ce qui n'empêcha pas une division française, qui parut en 1706 devant l'île, de s'en rendre maîtresse. Ce ne fut toutefois qu'une occupation passagère, les Portugais étant parvenus, à la suite de nombreux combats d'embuscades, à obliger les troupes françaises de se rembarquer.

En 1753, la propriété de l'île du Prince fut rachetée par le roi Joseph-Emmanuel à la famille Carneiro, qui reçut en échange le comté de Lumiares.

En 1799, les Français se présentèrent de nouveau devant l'île du Prince sous la conduite du capitaine Landolphe. Les Portugais capitulèrent; mais cette fois, ils n'eurent pas à se plaindre du séjour que les troupes françaises firent pendant un mois dans l'île. Landolphe était Français, avons nous dit; aussi fit-il comme ses concitoyens, il n'abusa pas de sa victoire ; il captura plusieurs négriers anglais, et un millier de nègres qu'il en tira furent généreusement distribués par lui aux habitants, qui profitèrent en outre d'une quantité d'objets pris sur ces bâtiments, et dont l'importance, jointe à celle des esclaves, ne montait pas à moins de 200,000 francs. — Landolphe n'avait exigé de l'île qu'une contribution de 800 onces d'or, c'est-à-dire environ 70,000 francs.

Le 11 mars 1778, le Portugal céda à l'Espagne l'île d'Annobon et celle de Fernan-do-Pô.

Mais les Espagnols essayèrent vainement d'en prendre possession, les habitants se révoltèrent et les obligèrent de les abandonner. En 1827, les Anglais tentèrent à leur tour sans succès de s'y établir, ils ne parvinrent jamais à les coloniser, et, en 1843, ces îles revinrent à l'Espagne.

Il ne fut fondé, à l'île de l'Ascension, aucun établissement par ses conquérants, qui les considérèrent uniquement comme un lieu de relâche pour les vaisseaux traversant l'Atlantique, et, en 1815, l'Angleterre en prit possession.

Sainte-Hélène, où mourut un illustre captif, fut de même abandonnée par le Portugal en 1645 ; les Hollandais s'y installèrent aussitôt et s'y maintinrent jusqu'en 1651, époque à laquelle ils y furent remplacés par les Anglais.

Les îles de Tristan da Cunha, découvertes par Tristan da Cunha et Alphonse d'Albuquerque, devinrent également anglaises, par suite du délaissement qu'en fit le Portugal, ainsi que de celle de Gonzalo Alvarès.

L'île de la Trinité subit le même sort, et, en

1700, le navigateur anglais, Edmond Halley, s'en empara au nom du gouvernement britannique; mais les Portugais réclamèrent, en se fondant sur une possession antérieure, et ils en obtinrent la restitution vers 1780.

Les îles Mascareignes, découvertes en 1545 par les Portugais, furent remises, en 1642, à Pronis, agent de la Compagnie française des Indes à Madagascar, qui en prit possession au nom de la France, et donna à une d'elles le nom d'île Bourbon.

L'île Maurice, également découverte par Mascarenhas, passa en 1598 sous la domination des Hollandais, qui lui donnèrent le nom de leur stathouder ; ils l'abandonnèrent en 1712; les Français la prirent en 1721 et la conservèrent jusqu'en 1810, époque à laquelle elle devint la conquête de l'Angleterre.

Dans la mer des Indes, plusieurs autres îles, dues aux découvertes des navigateurs portugais, mais sans importance politique ou commerciale, passèrent soit à la Hollande, soit à la Grande-Bretagne. Les circonstances dans lesquelles se produisirent ces événements locaux n'offrant rien de remarquable, nous les passerons sous silence pour nous occuper d'abord des Indes, puis ensuite du Brésil, dont l'histoire offre des péripéties d'un ordre plus élevé.

Jean IV était mort, laissant les affaires des Indes dans une situation des plus critiques, et la guerre qu'eut à soutenir la régente contre l'Espagne n'était pas faite pour l'améliorer.

Quelques victoires éclatantes avaient signalé le commencement de son règne, mais la fin en fut péniblement attristée par la capitulation de Colombo, qui fut abandonné à la Hollande, le 12 mai 1656, malgré la magnifique défense de la garnison commandée par le vaillant Coutinho, vieillard plein d'une juvénile énergie, dont l'histoire doit enregistrer le nom parmi ceux des héros portugais.

De 1661 à 1663, les Hollandais, sous les ordres de Van Goens, s'emparèrent de plusieurs villes qui restaient encore au Portugal sur la côte du Malabar, et Coulan, Granganor, Cochin, Cananor, Porca, passèrent successivement sous la domination de la république batave. On le voit, chacune de ces cités, que le Portugal avait conquises avec tant de peine et dont il s'était assuré la possession par tant de sacrifices, lui était enlevée sans retour, et lorsque

Sevâdjy parut, il n'eut plus qu'à frapper le dernier coup.

Sevâdjy, de simple tenancier de terres, s'était taillé un empire en Orient, où, après avoir par un coup de main hardi réduit Surate, il s'était déclaré chef indépendant du Mogol.

Ennemi redoutable des Portugais, il s'empara de l'île des Bardes, menaça Goa, et parvint à ranger sous son autorité deux cent cinquante lieues de pays, situé le long de la côte du Malabar, tandis que, de leur côté, les Hollandais poursuivaient leur établissement en s'emparant de toutes les places que la cour de Lisbonne ne pouvait plus qu'imparfaitement défendre.

La ville de Bombay avait été donnée aux Anglais comme cadeau de noce, lors du mariage de l'infante Catherine, sœur d'Alphonse VI, avec le roi Charles II.

Les Anglais réussirent aisément à consolider leur puissance sur les principaux marchés de l'Inde, qui fut bientôt possédée presque exclusivement par les Hollandais et par eux.

Faire le récit de cette conquête opérée par la Hollande et par l'Angleterre ne touche en rien au plan que nous nous sommes tracé ; pour ne pas en sortir, nous nous bornerons donc à constater le fait, en jetant un coup d'œil sur la ligne politique suivie dans cette circonstance par les rois de Portugal.

L'alliance anglaise, formée en 1661, fut fatale au Portugal. Cela devait être. Elle fut, de la part de l'Angleterre, non une marque de sympathie envers une nation digne de toute celle de l'Europe, mais bien une affaire dont le résultat devait se traduire, en cette circonstance comme dans tant d'autres, par un bénéfice palpable. Le cabinet britannique a-t-il jamais manqué de sacrifier, à l'occasion, les intérêts de son allié, chaque fois que les siens propres pouvaient y trouver leur compte?

La grandeur, l'esprit chevaleresque du caractère portugais, ont toujours suffi pour illusionner la nation sur l'apparente bonhomie de l'Angleterre qui, en feignant une certaine communauté d'idées avec le Portugal, ne cessait d'exercer sur lui une pression qui le plaçait sous une suzeraineté véritable, bien qu'occulte.

Dès la signature du traité consenti entre le Portugal et l'Espagne, en 1668, cette influence se fit sentir par le monopole que s'attribua l'Angleterre en se réservant de vendre aux

Portugais tout ce qui était indispensable à leurs besoins, c'est-à-dire les objets de première nécessité consommés par la population. A l'occasion de la reddition de Tanger aux musulmans, on put voir de quel esprit elle était animée envers ses alliés.

Lors du mariage de l'infante avec Charles II, en 1662, cette place avait été donnée en dot à l'Angleterre qui, appréciant vite les services qu'elle pouvait en tirer, avait le projet d'y construire un môle et d'en faire un port dans lequel toute une escadre devait se trouver à l'abri d'une agression.

Mais les Maures, inquiétant continuellement les nouveaux possesseurs qui ne pouvaient parvenir à faire exécuter leurs travaux, l'Angleterre résolut, en 1684, de leur céder la place, malgré les offres que fit le Portugal de reprendre Tanger, et de donner en échange tel dédommagement qui serait fixé. Les Anglais aimèrent mieux anéantir toutes les constructions faites et abandonner le sol aux Maures, que de permettre au Portugal de rentrer en possession d'une cité pour la conquête de laquelle il avait prodigué le plus pur de son sang.

La soi-disant protection anglaise coûta cher au Portugal. Mêlée à toutes les affaires du pays, l'Angleterre parvint à substituer entièrement son influence à celle de son allié, partout où elle y trouva son avantage. Les richesses des Indes passèrent dans ses coffres, et si le Brésil ne devint pas sa proie, ce ne fut pas faute de l'avoir convoité.

En somme, la superbe conquête des Indes, la terre féconde, sur laquelle s'étaient illustrés les Albuquerque, les Gama et les Castro, ce magnifique joyau de la couronne portugaise, était morcelé au détriment de ceux qui l'avaient pour ainsi dire créé, et la presque totalité en était échue aux Anglais, qui y marquèrent leur puissance dès 1662. A cette époque, ils reçurent Bombay et, vers le milieu du XVIIIe siècle, ils y acquirent une prépondérance que nul ne songea depuis à leur disputer, bien que l'Angleterre l'eût obtenue aux dépens du Portugal, de la Hollande et enfin de la France elle-même, qui avait fait aussi, dans ces contrées, plusieurs établissements.

Mais comme si la Providence avait voulu que nul ne pût deviner ce que l'avenir réservait à l'Inde, tandis que les nations occidentales de l'Europe s'avançaient ainsi dans l'Asie par mer, une nation septentrionale, à laquelle personne alors ne semblait prendre garde, y pénétrait par terre.

La Russie, en conquérant tout le pays situé sur la côte de la mer Glaciale, devenait voisine de l'empire de Turquie, de Perse et de Chine. Les destinées de l'Inde sont encore peut-être appelées à subir bien des vicissitudes !

VI

LE BRÉSIL

VI

LE BRÉSIL

Le roi Emmanuel le Fortuné régnait sur le Portugal, quand fut découverte cette magnifique contrée, cet empire florissant qu'on nomme le Brésil.

Encouragé par le succès de la glorieuse expédition que Vasco de Gama venait d'entreprendre, ce prince, qui songeait sans cesse à augmenter en étendue et en richesses le royaume soumis à son sceptre, équipa une nouvelle flotte de treize vaisseaux, dont il donna le commandement à Pedro Alvarez Cabral. Cette flotte était dirigée sur Sofala d'où elle devait se rendre à la côte du Malabar.

Elle partit le 9 mars 1500; elle se trouvait

le 14 du même mois devant les Canaries, et, le 22, elle passait en vue du Cap Vert.

Voulant éviter les côtes de l'Afrique et les calmes si redoutables en ces parages, Cabral prit si fort le large que, battu par les flots, il dériva vers le couchant, et, le 24 avril, il eut la vue d'une côte inconnue placée sous le dixième degré de latitude, au delà de la ligne; il continua à avancer et trouva un port d'un facile accès, qu'il nomma Porto Seguro.

Il descendit sur le rivage et y fit planter la croix en donnant à ce pays le nom de Santa-Cruz, auquel on substitua depuis celui de Brésil. Il en prit possession sans toutefois y former d'établissement et pour marquer les droits de sa patrie à cette nouvelle conquête, Cabral érigea un poteau aux armes du Portugal, puis il dépêcha un de ses vaisseaux à Lisbonne pour y donner avis de sa découverte.

En jetant aujourd'hui les yeux sur le Brésil, on a peine à comprendre comment cette fertile terre fut presque délaissée pendant les premiers temps qui suivirent la venue de Cabral; il est cependant facile de l'expliquer.

En 1501, le roi Emmanuel, désireux d'être fixé sur l'étendue et l'importance du pays découvert par Cabral, envoya pour l'explorer l'émule de Christophe Colomb, Améric Vespuce. Le navigateur florentin avait mission expresse de visiter minutieusement les lieux entrevus l'année précédente, et de recueillir des documents de nature à déterminer d'une façon précise la valeur de la nouvelle possession.

Il parcourut la côte, non sans avoir à affronter de nombreux dangers; il observa avec intelligence l'aspect du pays; mais s'il sut en constater la beauté, s'il s'enthousiasma à la vue de sa luxuriante végétation, il ne devina pas le genre de richesse que le Portugal pouvait en tirer dans l'avenir et l'utilité que le Brésil devait offrir à son commerce extérieur.

Emmanuel ne vit donc d'abord, dans le Brésil, sur le rapport qui lui en fut fait, que de vastes terrains à peu près inutiles et occupés par des hordes sauvages. Comme le Portugal était sans cesse obligé d'expédier ses meilleures troupes dans l'Inde pour les besoins de la conquête et de prodiguer son or pour l'équipement des flottes nombreuses qu'il fallait continuellement y envoyer, le prudent monarque jugea qu'il serait peut-être téméraire de se priver des forces dont il avait besoin pour l'Inde, au profit d'une contrée dont il ne pouvait soupçonner encore la brillante destinée.

Aussi, bien que plusieurs autres navigateurs, tels que Gonzales Coelho, Jacques Christovam, Vincent Pinzon, François d'Almeida et le grand Albuquerque abordassent au Brésil, où parussent dans ses mers, la cour de Lisbonne en fit un lieu de déportation pour les gens condamnés aux galères, se réservant dans l'avenir de changer cette destination, si besoin était; mais, il faut le dire, elle fondait peu d'espoir sur cet avenir.

Cependant, quelques personnes aventureuses, qui avaient été à même d'apprécier le parti qu'on pouvait tirer d'une région dont le climat était excellent, et les productions naturelles nombreuses, sollicitèrent et obtinrent sans peine d'immenses concessions de terrains, ce qui amena la formation de divers établissements, qui se multiplièrent plus tard et ne tardèrent pas à prospérer.

Le Brésil fut originairement engagé à ferme par le Portugal pour un revenu assez modique; il se peupla de bourgades qui devaient, pour la plupart, devenir avec le temps d'importantes cités, c'étaient Tamacara, Fernambouc, Ilheos, Porto-Seguro, Saint-Vincent, Paraïba, Saint-Amaro et Espiritu-Santo. Ce fut seulement alors que le roi Jean III, qui jusque-là n'avait été qu'imparfaitement édifié sur les ressources offertes par le pays conquis, s'émut en reconnaissant le profit que les colons avaient su faire de leurs possessions, et les avantages réels qui pourraient résulter pour le Portugal, d'une réforme dans cette colonisation.

Comme le roi Jean était non-seulement un homme d'un esprit profondément observateur, mais encore un homme d'action, il ne balança pas à prendre immédiatement des mesures pour que l'administration régulière du pays s'établît. Il commença par révoquer les pouvoirs trop illimités accordés aux grands possesseurs de terres, et il divisa le pays en neuf grandes capitaineries, dont les titulaires furent Jean de Barros, Édouard Coelho Pereira, François Pereira Coutinho, Georges de Figueyredo Corrèa, Vasco Fernand Coutinho, Pierre de Campo Tourinho, Pierre de Goes, Martim Alfonse et Pierre Lopès de Souza.

En 1549, il envoya au Brésil Thomas de Souza, avec le titre de gouverneur général; six vaisseaux bien équipés et chargés d'un certain nombre d'officiers, composaient sa flotte.

Le gouverneur avait la mission de bâtir une ville dans la baie de Tous-les-Saints, et le roi, qui ne négligeait jamais le soin de propager dans les pays conquis la doctrine du Christ, s'adressa au pape Paul III, pour obtenir du souverain pontife des missionnaires, chargés de convertir au christianisme les populations indigènes ; Paul lui en accorda six, qui partirent avec Souza.

A leur arrivée, ils jetèrent les fondements de la ville de San-Salvador, qui devint le chef-lieu des diverses capitaineries dont l'étendue était considérable.

Plusieurs donataires, qui s'étaient engagés à exploiter promptement les vastes provinces qu'ils avaient reçues à titre de concession, ne tardèrent pas à s'apercevoir de la difficulté de les mettre en valeur. Les tribus qu'il fallait soumettre étaient puissantes et presque indomptables ; on dut entamer contre elles des luttes sans relâche et, de ce premier contact d'un peuple européen avec les indigènes, il résulta des combats sanglants. Thomas de Souza eut donc à soutenir de longues guerres, ce qui toutefois n'empêcha pas les villes de se multiplier, en dépit des efforts tentés par les naturels pour s'opposer à tout ce qui pouvait étendre ou consolider la puissance portugaise.

Là comme ailleurs, du reste, elle devait s'affermir, grâce à la volonté persistante du prince et à la valeur de ses troupes.

Mais ce n'était pas seulement contre les Brésiliens que l'on allait avoir à combattre : les Français et les Espagnols avaient entrepris de leur disputer une part de la conquête.

En 1555, Nicolas Durand de Villegagnon, vice-amiral de Bretagne, et professant la religion protestante, conçut le projet de former au Brésil une colonie de ses coreligionnaires.

Il se présenta au roi de France, Henri II, sous prétexte de faire rivaliser la France avec le Portugal et l'Espagne, en fondant des établissements dans le nouveau monde, et obtint de lui trois vaisseaux qu'il emplit de protestants. Alors, s'embarquant au Havre, il fit voile pour le Brésil et s'y empara d'une petite île au milieu de laquelle il construisit un fort qu'il nomma fort Coligny. Puis il écrivit à Genève, où il avait des amis, à Paris, où l'amiral de Coligny protégeait les protestants, et parvint à persuader à une quinzaine de personnes de venir le rejoindre au Brésil.

La petite troupe s'embarqua sur trois vaisseaux portant ensemble environ trois cents hommes d'équipage, et réussit, non sans peine, à aborder à l'île occupée par Villegagnon et les siens.

Mais une fois réunis, la mésintelligence se mit entre eux, et, après un séjour de quatre ans, Villegagnon, qui était parvenu à renvoyer en France une partie des protestants qui l'avaient accompagné, y revint lui-même. Les Français demeurés dans l'île essayèrent de s'y fixer, mais les missionnaires jésuites, qui avaient acquis une certaine influence sur les colons de la capitainerie Saint-Vincent, les exhortèrent à chasser les Français.

Ceux-ci résistèrent avec courage, avec acharnement même, et un combat sanglant eut lieu, combat dont l'avantage resta tout entier aux Portugais, qui démolirent le fort Coligny, s'emparèrent de la baie de Guanabra, où se trouvait située l'île, et y jetèrent les fondations de Rio de Janeiro, qui devait devenir la capitale du Brésil.

De 1560 à 1562, les indigènes, mus par un

sentiment d'indépendance facile à comprendre, tentèrent de repousser les Portugais et firent les plus grands efforts pour y parvenir, mais ils furent obligés d'abandonner la lutte et de reculer dans l'intérieur, en se réfugiant au fond des déserts du pays des Amazones.

Si, lorsqu'elles commencèrent à craindre les invasions des Portugais, les diverses nations indigènes s'étaient réunies pour refouler l'ennemi commun, elles fussent parvenues peut-être, sinon à empêcher la conquête, du moins à la rendre bien difficile, en raison du peu de forces que le Portugal pouvait alors y employer ; mais ces nations étaient elles-mêmes perpétuellement en guerre entre elles, et leur nombre ne les rendait pas capables de résister à des soldats braves et aguerris comme l'étaient les Portugais.

Le Brésil, annexé au Portugal, continua à être administré en son nom, mais les capitaineries revinrent à la couronne, et une nouvelle division fut établie, qui partagea le pays en dix gouvernements.

Bientôt cependant, cette répartition présenta des inconvénients, et on y substitua la division par provinces, en en doublant le nombre.

Jusqu'à l'époque de la domination espagnole, le Portugal jouit paisiblement de sa conquête et aucun fait saillant ne se présenta dans l'histoire de cette possession.

L'établissement des jésuites fut une des causes du développement de la colonie.

Intrépides missionnaires, ils se dispersèrent parmi les Indiens, et ne prêchèrent parmi eux que la paix et la concorde.

Cette sage conduite contribua puissamment à établir de bonnes relations entre les indigènes et les Portugais, qui se maintinrent au Brésil plus encore par l'influence des missionnaires que par la force de leurs armes.

Au Brésil comme en Asie, les événements qui placèrent la couronne du Portugal sur la tête de Philippe II d'Espagne amenèrent de terribles commotions. Il ressentit les effets de la lutte que le souverain espagnol avait à soutenir contre la France, contre l'Angleterre, contre la Hollande enfin, qui, constituée en république des Provinces-Unies, se rendit plus redoutable encore au Brésil que partout ailleurs. La Compagnie des Indes constituée, ainsi que nous l'avons dit dans le chapitre précédent, par la république batave, commença ses premiers exploits par une attaque contre le Brésil. Le pays était alors dans une paix profonde, les tribus indiennes avaient été soumises ou anéanties, des cités s'élevaient sur le littoral, et déjà l'Europe attentive regardait, d'un œil d'envie, cette riche et vaste contrée échue au Portugal.

Informée par quelques marins envoyés en éclaireurs sur les côtes, que les tribus indiennes s'étaient soumises par degré, et que le goût du négoce avait succédé à l'amour de la guerre, la Compagnie des Indes pensa qu'elle aurait facilement raison d'un peuple devenu plus commerçant que guerrier, et bien qu'une loi eût interdit l'entrée du pays aux étrangers, elle y envoya des marchands qui préparèrent les voies, en se ménageant des intelligences avec les indigènes auxquels ils vendaient des marchandises à bas prix.

Bientôt après, en 1624, l'amiral Jacob Willekens parut dans la baie de Tous-les Saints, marcha droit sur San-Salvador, faiblement défendue, et s'en empara, ainsi que de toute la province.

Dans cette pénible circonstance, l'archevêque portugais don Marcos Texeira, se conduisit admirablement. Après avoir lutté, à la tête de son clergé et de ses vassaux, contre les envahisseurs, il se retira dans un bourg voisin, s'y fortifia, et ne cessa de combattre et de harceler l'ennemi jusqu'au moment où la flotte envoyée par Philippe le força à abandonner la place. Don Manuel de Menezes commandait les troupes portugaises. Mais, en 1630, la Compagnie des Indes reprit l'offensive, et son amiral, Henri Lonk, se présenta avec quarante-six vaisseaux sur la côte de Fernambouc, et la soumit après plusieurs combats meurtriers et acharnés.

A partir de ce moment, ce ne fut qu'un désastre continuel. En 1633, 1634 et 1635, les troupes des Provinces-Unies désolèrent les contrées limitrophes, et, rendue plus hardie par ses succès, la Compagnie résolut de s'emparer de tout le Brésil : elle chargea Maurice de Nassau de cette entreprise.

Les Hollandais durent à la rapidité de leur agression leurs faciles succès, et la façon dont ils surent en tirer parti les affermit dans la pensée que le Brésil leur était désormais inféodé.

Ils commencèrent par augmenter leurs forces en donnant la liberté aux esclaves dont ils firent des soldats, et en contractant des alliances avec les Indiens civilisés. Ils avaient le plus grand intérêt à les attirer à eux : c'était autant d'adversaires qu'ils suscitaient au Portugal dont ils voulaient abattre jusqu'à la moindre influence; des hommes habitués à vivre dans les bois, pleins de force et de vigueur, ne redoutant ni les fatigues ni les privations, devaient former, sinon de bonnes troupes au point de vue stratégique, du moins de précieux auxiliaires. Aussi les Hollandais employaient-ils avec beaucoup d'avantage ces sauvages Indiens, qui, servant d'avant-garde, s'avançaient résolûment par les chemins les plus impraticables. Coupant avec une rare prestesse les buissons et les ronces, ils couraient avec la rapidité du cerf; ils passaient à la nage les soldats qui n'osaient se hasarder dans les grandes rivières. En maintes circonstances, enfin, ils rendaient des services importants et se battaient sans quartier.

Grâce à ces terribles alliés et au nombre de troupes dont ils disposaient, les Hollandais purent donc se rendre successivement maîtres du territoire de Fernambouc, du Piauhy, du Rio Grande, des forteresses du cap Saint-Augustin et du Rio San-Francisco. Malgré tout cela, les

Portugais se défendaient avec vigueur, et s'ils étaient contraints de se retirer devant des forces supérieures, ils faisaient payer cher aux Hollandais le moindre avantage.

Pendant dix-sept ans, les deux nations luttèrent à outrance; les Hollandais étaient conduits par d'habiles généraux, Villekens, Van Dort, Sigismond Schopp, lieutenants de Maurice de Nassau; le Portugal, de son côté, leur opposait d'intrépides guerriers, Albuquerque, Banjola, Rocca de Borgia, Carrèa de Sa, Menezes de Borgia, et tant d'autres dont nous ne saurions citer ici les noms.

Toutes les côtes cependant, depuis San-Salvador jusqu'à l'Amazone, c'est-à-dire sur un espace de près de trois cents lieues, tombèrent au pouvoir de la Compagnie des Indes, qui, sans désemparer, s'installa au Brésil comme si elle n'en devait plus sortir. Des forts importants furent bâtis à l'embouchure des rivières, et le prince de Nassau, qui administrait les provinces conquises, multiplia autant qu'il put le faire les moyens de défense et d'agression. En 1637, il alla mettre le siége devant San-Salvador, défendue par le général portugais comte de Bognuolo.

Maurice tenta plusieurs assauts qui furent repoussés. Irrité, il voulut foudroyer la ville. Mais sa vengeance se brisa contre l'intrépidité de Bognuolo, de Da Sylva, d'Édouard Albuquerque, de Souto, de Cameram et de Diaz. Maurice alors, outré contre la fortune qui semblait l'abandonner, se rembarqua avec 600 blessés. Le siége avait duré quarante jours et l'armée hollandaise y perdit 3,000 hommes, des canons et des drapeaux.

L'administration de Maurice de Nassau fut marquée au Brésil par l'emploi de mesures vexatoires pour les colons portugais, et bientôt le conseil suprême des états généraux des Provinces-Unies, le soupçonnant de vouloir créer à son profit une souveraineté héréditaire dans le pays qu'il avait conquis, le rappela (1643).

La domination hollandaise, fâcheuse en ce sens qu'elle priva momentanément le Portugal d'une partie de ses plus belles possessions, n'eut cependant pas pour le Brésil la funeste influence qu'un changement de maître eût pu faire craindre.

Le Brésil ne devint pas hollandais. Ses habitants, profondément attachés au Portugal, ne cessèrent jamais de penser que ce qu'ils traversaient était une phase purement passagère, dont ils ne pouvaient encore prévoir l'issue, mais qui serait assurément peu durable. L'avenir leur donna raison. Les Hollandais étaient au Brésil, il est vrai, et s'y croyaient solidement établis, mais la Providence en avait décidé autrement : une révolution inespérée vint rendre la liberté au Portugal, et la maison de Bragance monta sur le trône en la personne de Jean IV.

En retrouvant son roi légitime, le Portugal tressaillit de joie; l'aube d'une nouvelle ère de bonheur et de prospérité venait soudain de luire pour lui; la domination espagnole avait jeté un voile de deuil sur la fière Lusitanie, la restauration changea ce deuil en fête, et toutes les forces vives de la nation se groupèrent autour du souverain acclamé, qui rendait au pays sa nationalité. Le roi, lui, n'avait qu'un désir, celui de réparer au plus vite le mal causé par soixante années d'occupation étrangère. Mais il fallut tout d'abord employer ses armées à se soutenir contre les entreprises de l'Espagne, qui ne pouvait se consoler de la perte d'un royaume, dont la conquête lui avait coûté tant de sacrifices.

Jean conclut donc une trêve de dix ans avec les Hollandais, dans l'impossibilité où il était momentanément de pouvoir leur arracher le Brésil; mais les Hollandais apportèrent dans l'exécution de cette trêve si peu de bonne foi, que les Portugais, sans même consulter leur souverain dont ils connaissaient d'ailleurs les sentiments, résolurent de prendre les armes et d'exterminer tous les Hollandais. Chose bizarre, et qui peut servir à marquer combien les Hollandais étaient abhorrés par les habitants du Brésil, de quelque race qu'ils fussent, les quatre chefs du mouvement appartenaient chacun à une couleur différente : blanche, mulâtre, noire et indienne! Ce fut toutefois un blanc, un Portugais, Jean Fernandez de Vieira, qui conduisit le mouvement et eut l'honneur de mener l'entreprise à bonne fin.

On avait formé le dessein de profiter d'une fête donnée à l'occasion du mariage de la fille du juge de Fernambouc pour fondre à l'improviste sur les Hollandais; mais, avertis secrètement, ils le firent échouer. Ce fut alors que Vieira et les siens se retirèrent pour se mettre à la tête de troupes résolues qui commencèrent à ravager les terres hollandaises. Le roi

Jean IV désavoua cette insurrection, par respect pour la trêve ; mais Vieira passa outre, et, recrutant chaque jour de nouveaux bras à l'indépendance brésilienne, il se rendit la terreur des Hollandais, qui, après une foule de combats dans lesquels ils furent presque constamment battus, ne possédèrent bientôt plus que San-Salvador défendu par le général Sigismond.

Cette dernière place devait tomber sous les coups du vaillant Fernandez Vieira secondé par le général Francisco Baretto de Menezes, qui, se fiant au courage du hardi chef de l'insurrection, lui avait accordé l'honneur d'attaquer le premier la ville. On était parvenu à décider Jacques de Magalhaës, commandant l'escadre portugaise chargée de protéger les navires de commerce qui se rendaient de San-Salvador en Europe, à se joindre ouvertement à la cause nationale.

San-Salvador pris ; les Hollandais écrasés à la bataille de Guararapie, en novembre 1648, la guerre ne tarda pas à se terminer par une retraite qui, le 27 janvier 1654, délivra à jamais le Brésil de la domination batave.

Une fois débarrassés de leurs ennemis, les Portugais, qui avaient retrouvé sous le règne paternel de Jean IV leur goût pour les découvertes et leur humeur aventureuse, s'avancèrent au sud vers la rivière de la Plata qui les séparait des Espagnols, et au nord jusqu'à celle des Amazones. Ils s'emparèrent du pays situé sur les bords de ce dernier fleuve, s'y établirent et, en 1713, ils obtinrent de la France, par suite du traité d'Utrecht, la partie méridionale de la Guyane située dans les environs du cap Nord. A partir de l'époque où le Brésil fut replacé sous l'autorité des rois de Portugal, il ne cessa plus de marcher dans une voie d'amélioration et de progrès.

En 1710, le capitaine de vaisseau Du Clerc, conçut le dessein de tenter une descente au Brésil. Il partit de France à la tête d'une escadre de cinq vaisseaux, portant mille hommes de troupes, pour s'emparer de Rio-Janeiro ; bien qu'il eût appris que la nouvelle de son expédition avait jeté quelque trouble parmi les habitants, il différa l'attaque, ce qui permit aux Portugais de se fortifier ; Du Clerc débarqua à Guaratiba sept cent dix hommes, et, guidé par deux nègres, il marcha contre la ville, dans laquelle il réussit à s'introduire.

Mais sept à huit mille hommes la défendaient ; aussi, après s'être emparés d'une maison dans laquelle il se retrancha, fut-il assailli par la garnison et forcé de capituler. Malheureusement la populace, se portant à des excès coupables, ne craignit pas d'assassiner le prisonnier.

La France ne pouvait laisser cette action impunie, et Duguay-Trouin se chargea d'en tirer réparation ; il mit à la voile le 9 juin 1711, et, le 12 septembre suivant, il arrivait à l'entrée de la baie de Rio-Janeiro, avec une escadre de onze vaisseaux portant quatre-vingt-dix gardes de la marine et deux mille trois cent cinquante huit hommes de troupes.

De son côté, le roi de Portugal, prévoyant l'agression dont le Brésil allait être l'objet, n'avait rien négligé pour mettre Rio-Janeiro à l'abri d'un coup de main, et y avait envoyé quatre vaisseaux de guerre et trois frégates chargés d'artillerie, de munitions de guerre et de cinq régiments de troupes réglées sous les ordres de don Gaspard Acosta. Trente-cinq navires marchands se trouvaient en outre dans la baie, et l'effectif de la garnison, y compris les cinq régiments venus de Lisbonne, se montait à environ quinze mille hommes, sans compter les nègres.

Avant de commencer l'attaque, Duguay-Trouin écrivit au gouverneur don Francisco de Castro ; il lui demandait réparation, en le menaçant de détruire la ville s'il refusait d'accepter les conditions qu'il lui fixait. Don Francisco répondit qu'il défendrait jusqu'à la dernière goutte de son sang la place qui lui était confiée.

Duguay-Trouin se mit alors en devoir de commencer le feu. Le combat fut terrible et s'engagea au milieu de la nuit, avec une égale ardeur. Le feu des batteries françaises ne discontinuait pas, et un orage épouvantable, qui éclata avec fracas, ajouta encore au bruit de cette scène. Rien ne saurait surpasser les horreurs de cette nuit de sang et de carnage, qui devait amener la perte de la ville. Dès l'aube, elle était abandonnée par les habitants frappés de stupeur et d'effroi.

Duguay-Trouin s'assura des forts de Saint-Jean, de Sainte-Croix et de Villegagnon, puis, après avoir fixé le rachat de la ville à la somme de six cent mille cruzades (1,500,000 fr.), il se fit donner comme otages douze des principaux officiers et se retira suivi de ses vaisseaux, dont deux périrent pendant le voyage.

La perte des Portugais avait été assez considérable, mais les mauvais temps que Duguay-Trouin eut à essuyer pendant la traversée lui en firent aussi éprouver de sensibles.

La paix de Rastadt, signée le 6 mars 1713, mit un terme à cette fâcheuse guerre qui désola les divers États de l'Europe et de l'Amérique, et que l'histoire désigne sous le nom de guerre de la Succession.

En 1725, les mines de diamants furent découvertes au Brésil, et la richesse qu'elles y répandirent compensa et fit vite oublier les désastres passés.

En 1763, le roi Joseph transporta le siége de la vice-royauté brésilienne à Rio-Janeiro, et cette ville prit bientôt un accroissement considérable, aussi eut-elle l'honneur de devenir la seconde capitale du Portugal, lorsqu'en 1808, les événements politiques obligèrent Jean VI, alors régent du royaume, à venir y établir sa résidence et celle de sa royale famille.

La plus belle page de l'histoire du Brésil est assurément celle relative à l'empressement avec lequel chacun, riche ou pauvre, voulut contribuer à rendre au souverain le séjour de Rio-Janeiro digne de lui. Ce fut à qui offrirait tout ce qu'il possédait pour témoigner de son attachement au prince, et Jean VI dut éprouver une douce joie en voyant à quel point sa personne était chère à ses bons et loyaux sujets du Brésil.

Le 23 janvier 1808, ce prince promulgua à San-Salvador l'acte célèbre qui abolissait l'ancien système, en rendant les ports du Brésil accessibles à toutes les puissances alliées, et, le 7 mars 1809, il entrait dans la baie de Rio-Janeiro, aux acclamations de la totalité des habitants, dont la joie semblait tenir du délire, tant elle se manifestait avec fracas.

Le 15 décembre 1815, un décret royal parut qui faisait cesser la position secondaire du Brésil dans la hiérarchie politique, en l'élevant au rang de royaume. L'enthousiasme alors ne connut plus de bornes, et les Brésiliens furent dans le ravissement.

Là ne s'arrêtèrent pas les bienfaits du roi ; en 1816, il fonda une académie ; il encouragea les arts, les sciences, et donna enfin à ce beau pays l'impulsion qui devait en faire la contrée florissante qui existe de nos jours.

Jean VI fut sacré le 5 février 1818, dix ans donc environ après son arrivée au Brésil, et pendant ces dix années, un incroyable changement s'était opéré dans l'esprit des masses : il semblait qu'un immense désir d'inconnu occupât toutes les têtes ; des germes révolutionnaires, venus d'Europe, avaient porté leurs fruits.

En 1821, on réclama une constitution, et une chambre représentative fut formée ; bientôt une agitation sourde fit explosion, et le paternel monarque, dans le but d'éviter toute collision, se hâta d'octroyer aux Brésiliens la constitution qu'ils demandaient.

Peu de jours après, rappelé en Portugal par les événements, le roi laissa à Rio-Janeiro son fils don Pedro, chargé de la régence du Brésil.

Ce prince, aimé des Brésiliens qui lui décernèrent le titre de défenseur perpétuel, consentit à placer la couronne impériale sur sa tête, afin d'éviter que cette couronne, qui lui appartenait par droit de naissance, échappât au riche héritage de ses ancêtres ; en effet, tout donnait lieu de craindre que le Brésil, dans son violent désir de s'appartenir, allât jusqu'aux extrémités et jusqu'à la formation d'une république fédérative.

L'indépendance du Brésil fut sanctionnée par un traité signé à Rio-Janeiro le 27 août 1825, et ratifié par Jean VI, à Lisbonne, le 5 novembre de la même année, aux termes duquel « Sa Majesté Très-Fidèle reconnaissait son bien-« aimé et estimé fils, don Pedro, comme em-« pereur, cédant et transférant, de sa libre « volonté, la souveraineté dudit empire à son « fils et à ses successeurs légitimes. »

Le Brésil cessant, à partir de ce moment, d'être une colonie portugaise, nous n'avons pas à continuer le récit des événements qui s'y produisirent; mais nous ne saurions terminer ce chapitre, sans faire remarquer ce qu'il dut à l'œuvre incessante des rois de Portugal qui ne l'oublièrent pas un instant. Ils fécondèrent cette terre vierge, ils en firent un empire florissant dont l'avenir ne peut que développer encore la brillante destinée, mais dont le passé, on ne saurait trop le répéter, est une des gloires des maisons d'Avis et de Bragance.

VII

LES COLONIES PORTUGAISES SOUS LE RÈGNE DE SA MAJESTÉ DON LOUIS Ier

VII

LES COLONIES PORTUGAISES SOUS LE RÈGNE DE SA MAJESTÉ DON LOUIS Ier

De même qu'en assistant au défilé des forces militaires d'un grand roi, l'œil reste ébloui par la multiplicité des armes et des couleurs qui se sont succédé devant lui, de même l'esprit a besoin de se recueillir lorsqu'il à passé en revue cette longue suite d'événements divers, dont la grandeur, l'importance et la rapidité étonnent et captivent. Que de bruit, que de mouvement, que d'éclat dans ces conquêtes, ces découvertes et ces combats !

Les siècles ont passé, et le royaume de Portugal les a traversés, la tête haute, soutenu par l'amour du peuple et par la force de son droit.

Longtemps il a fait la guerre; aujourd'hui, une paix féconde lui permet de jouir en repos des bienfaits d'une sage politique; aujourd'hui, le descendant d'une longue suite de rois est en possession d'un sceptre qui, tenu pendant plus de vingt ans par la main ferme d'une reine dont les vertus égalaient le savoir, fut pour les Portugais non un signe de puissance absolue, mais un emblème de paternelle autorité et de mansuétude.

Sous le règne bienfaisant de doña Maria, que le Portugal peut croire durer encore, puisque celui qui commence n'est que la continuation d'une ère rendue chaque jour plus prospère, les colonies, exemptes de secousses, sont devenues des provinces faciles à gouverner; sagement administrées elles n'ont cessé de suivre une marche ascensionnelle.

Les principales sont en Europe :

L'archipel des Açores, composé, on le sait, de neuf îles principales : Terceire, San-Miguel, le Fayal, Pico, Sainte-Marie, Saint-Georges, Corvo, Gracieuse et Flores.

En Afrique :

Le groupe de Madère, comprenant Madère elle-même, l'île de Porto-Santo et quelques autres îles moins considérables.

Les îles du Cap Vert qui sont au nombre de dix : Boavista, Saint-Antoine, Saint-Vincent, Sainte-Lucie, Saint-Nicolas, l'île de Sel, Mayo, Saint-Yago, Saint-Philippe ou l'île de Fuego, Saint-Jean ou Brava. De plus, le Portugal, qui est dans cette partie du globe la seconde puissance européenne après l'Angleterre par l'étendue de ses territoires et par le nombre de ses habitants, y possède encore : Les îles de Saint-Thomas et du Prince; Benguela et Angola, qui comprennent une grande partie du Congo, Mozambique et des établissements nombreux dans la Sénégambie méridionale. Il est juste d'ajouter encore à ces colonies africaines les droits que possède le Portugal sur les territoires de Cabinda et de Malimba, dans le Congo, et de Whidah dans le royaume de Dahomey.

Il a en Asie :

Goa, Diu, Daman dans l'Indoustan et Macao en Chine.

En Océanie, il possède : les îles de Timor et de Solor.

Si l'on compare le nombre des possessions portugaises à notre époque au nombre de celles qu'il avait au XVIe siècle, on est forcé de reconnaître entre les deux chiffres une énorme différence ; mais, en n'établissant le parallèle qu'à partir du XVIIIe siècle, on voit que le Portugal à su maintenir, et surtout considérablement améliorer les domaines extérieurs qu'il a pu soustraire à l'ambitieuse convoitise de l'Angleterre.

Le nombre des colonies ne fait pas toujours la richesse d'un État, et les sacrifices considérables de toute nature qu'il doit s'imposer pour subvenir aux besoins sans cesse renaissants de ses colonies dépassent souvent de beaucoup les avantages qu'il en retire. Le Portugal ne pourrait à cette heure, même en y consacrant la plus grande partie de ses revenus, faire face aux dépenses immenses d'hommes et d'argent que lui nécessitèrent, à l'époque de sa plus grande prospérité, l'entretien et la conservation de ses possessions. Et d'ailleurs, l'histoire est bien forcée de l'avouer, ce fut ce prodigieux et continuel accroissement de conquêtes qui fut une des causes de l'épuisement du Portugal. Le faisceau était si énorme, que les liens allaient être insuffisants pour le maintenir : la domination espagnole le rompit, et en dispersa les débris.

Aujourd'hui que des rapports d'amitié sont

établis entre le Portugal et les nations avec lesquelles il eut tant à lutter, aujourd'hui que dans la Péninsule, aussi bien qu'en Angleterre ou dans les Pays-Bas, on a fait succéder les pacifiques luttes du travail aux calamités de la guerre, le Portugal a suivi le mouvement général, et si ses navires sillonnent encore les mers, en se dirigeant vers les îles qui sont restées sa propriété, c'est pour y porter non de belliqueux conquérants, mais des hommes adonnés à la pratique de l'agriculture, du commerce, de l'industrie et des arts, qui doteront leur patrie du fruit de leurs travaux et de leur intelligence.

Le gouvernement de S. M. don Louis commence à peine, et déjà, s'inspirant des saines traditions de celui de doña Maria, il est pleinement entré dans une voie favorable au développement de la richesse coloniale. Aussi tout fait-il présager que, d'ici à peu d'années, la prospérité de ses colonies rendra au Portugal, sinon toute sa puissance d'autrefois, au moins le renom qu'il s'était acquis, par la sage administration des contrées devenues ses tributaires.

La traite des esclaves fut pendant de longues années exercée ouvertement; mais une loi, celle du 14 décembre 1854, décréta l'affranchissement des noirs, après un délai de sept ans, pendant lesquels ils devaient rester au service du gouvernement.

L'administration générale des colonies est placée depuis 1835, ainsi que celle de la marine, dans les attributions d'un même ministère, et y est confiée à une division spéciale. De plus, le gouvernement, dans sa sollicitude pour les colonies, a rétabli, par décret du 17 septembre 1851, le conseil d'outre-mer, qui avait été supprimé lors de l'avénement de la reine doña Maria.

Ce conseil a pour mission d'étudier les besoins coloniaux, et sa compétence s'étend à tout ce qui touche à leurs intérêts. Il est composé d'un président et de six membres, qui doivent être choisis de préférence parmi les hauts fonctionnaires ayant servi dans les colonies, et particulièrement parmi leurs anciens gouverneurs ; les sujets portugais qui habitent les possessions coloniales jouissent des mêmes droits civils et politiques que ceux d'Europe, et ils participent à la représentation de la nation par l'envoi de quatorze députés aux cortès.

La population de l'archipel des Açores était,

en 1821, de 200,000 habitants; en 1835 de 250,000; elle atteint actuellement 290,000 âmes.

Son administration est partagée en trois districts, qu'on désigne sous les noms : d'Açores orientales, Açores occidentales et Açores centrales. Les Açores orientales comprennent : les îles de San-Miguel et de Sainte-Marie; les Açores occidentales sont formées : des îles du Fayal, du Pic, de Flores et de Corvo ; et enfin les Açores centrales comptent : Terceire, Saint-Georges et Gracieuse.

Les revenus du groupe sont évalués à 3,150,000 francs et ses dépenses à 1,200,000 francs seulement. Animés par des relations suivies avec l'Angleterre, le Brésil et les États d'Amérique, ses ports participent, dans la mesure de leur importance, à l'accroissement du commerce extérieur.

L'île de Madère, peuplée d'environ 100,000 habitants, est dans de bonnes conditions de prospérité. L'un de ses derniers gouverneurs, désireux de seconder les vues du souverain, a canalisé la rivière de Janella, dont les eaux ont servi à des irrigations profitables et qui ne font qu'ajouter à la fertilité admirable de cette terre féconde.

La valeur annuelle de ses importations dépasse 4,500,000 francs, et ses exportations 6,500,000 francs. Madère est administrée par un lieutenant gouverneur dont le pouvoir est fort étendu, et, en outre, il existe, pour l'île et ses dépendances, un tribunal qui relève des cours de Lisbonne.

Les îles du Cap Vert sont confiées à un gouverneur général qui a sous ses ordres les deux sous-gouvernements de Bissagnes et de Cachao, dont la population est d'environ 90,000 habitants. Elles sont d'un grand secours pour le ravitaillement de la navigation transatlantique, et tous les vaisseaux allant au Brésil ou aux Indes orientales y font relâche. De leur gouvernement relèvent aussi les États portugais du continent voisin : elles envoient deux députés aux cortès.

Chaque île (Sainte-Lucie exceptée) possède sa douane et son commandant militaire.

L'île de Saint-Thomas compte 18,000 habitants, et sa capitale, du même nom, est le siége d'un évêché catholique.

L'île du Prince a pour chef-lieu San-Antonio, et une population de 4,200 âmes.

Angola, Benguella et les districts de Mossamedes et d'Ambriz, divisés en trois sous-gouvernements, sont peuplés de 657,097 habitants.

Mozambique comprend l'île proprement dite de ce nom, celles du cap Delgado, les districts de Quilimane, de Sofala, d'Inhambane et de Lourenzo-Marques, l'île de Bayarute et le district de Tété. La population de ces dernières contrées est évaluée à 300,000 âmes environ.

La partie portugaise de la Guinée s'étend aujourd'hui sur presque tout le littoral compris entre le cap Sainte-Marie de Gambie, au sud de ce fleuve, et le cap Verga ; elle est habitée par les Féloupes, les Papéis, les Banhuns, les Cassanges, les Mandingues, les Balantas, les Bissagos et les Biafares ; ces peuplades à demi sauvages et d'une extrême férocité bornent leurs relations avec les Portugais à des échanges de divers produits. Les établissements d'ailleurs ne sont pas nombreux dans ces parages, et ils sont soumis aux deux sous-gouverneurs de Bissagnes et de Cahao.

A ces possessions, qu'on désigne sous le nom de Haute-Guinée, sont également unies les îles de Bolama et de Galinhas, situées à l'embouchure du Rio-Grande.

Bien que, depuis 1607, la souveraineté de ces îles soit échue au Portugal, et qu'en 1828 les divers chefs de tribus aient reconnu à nouveau ses droits, les Anglais tentèrent, en 1842 et en 1847, de s'établir dans l'île de Bolama au détriment de ses légitimes possesseurs; mais les dispositions hostiles des indigènes, tout dévoués aux Portugais, les obligèrent à y renoncer.

Quant à la Basse-Guinée, ce ne fut guère qu'en cette même année 1847, que la soumission des Mundombés, qui habitent le littoral, a pu être achevée : jusqu'alors, ils avaient toujours tenté de se rendre indépendants.

Ces tribus sont, du reste, assez difficiles à maintenir. En 1850, les Cassanges, qui vivent à l'intérieur des terres dans la province d'Angola, entreprirent de se soustraire à l'autorité du gouvernement colonial ; il dompta la rébellion ; mais, bien que son autorité s'étende nominalement à l'est jusqu'au Congo, elle n'est de fait solidement établie qu'entre le Coança et le Dande ; il est probable qu'avant peu s'achèvera la soumission complète des autres tribus.

En 1835, la capitainerie générale de Mozambique fut inquiétée par un soulèvement de nègres, qui massacrèrent presque toute la population mâle d'Inhambane ; la factorerie de Lorenzo-Marques fut détruite. Apaisée par la force, cette sédition tenta de renouveler ses excès en 1842, et le gouverneur fut égorgé. Une prompte répression fit rentrer les indigènes dans le devoir, ce qui ne les empêcha pas de commettre encore, en 1858, quelques actes d'hostilité : comme de barrer le Zambèze et d'arrêter un convoi d'ivoire. Mais ces tentatives de rébellion, qui sont plus à regretter qu'à craindre, n'ont d'autre résultat que de montrer aux peuplades africaines que le gouvernement portugais est en mesure de réprimer tout désordre et d'en châtier les instigateurs.

Malgré la perte de la plus grande partie de ses domaines coloniaux, les établissements qui restent à la couronne de Portugal, depuis le Cap Vert jusqu'à Macao, peuvent donner une idée de ce que fut jadis sa puissance, une idée aussi de celle qu'il peut encore acquérir à un autre point de vue : c'est-à-dire par l'étendue d'un commerce actif.

Le gouvernement général de l'Inde comprend la province de Goa avec les districts de Daman et de Diu, qui sont placés sous l'autorité de deux gouverneurs subalternes, et le gouvernement de Macao (Chine), avec les sous-gouvernements de Timor et de Solor, dans l'archipel de la Sonde. La population de ces contrées est de 48,596 habitants pour Goa, de 29,587 pour Macao, et de 918,300 pour Timor et Solor.

L'Inde portugaise est formée aujourd'hui du territoire qui s'étend sur la côte occidentale indienne dans la province de Bedjapour et dans une partie du Dekhan, entre la chaîne des monts Ghats et la mer, depuis la rivière de Tiracol jusqu'à l'île d'Angediva ; du pays au nord, c'est-à-dire de la ville de Daman et des districts qui en dépendent, et enfin de l'île de Diu.

Les nouvelles conquêtes faites sur les Mahrattes, en 1763 et 1783, ont pu agrandir l'étendue des domaines conservés par le Portugal; mais elles sont elles-mêmes, ainsi que tout ce qui a pu être préservé de l'ambition britannique, enclavées dans l'empire anglo-indien. Ce sera toujours là un obstacle au développement commercial et civilisateur des colonies portugaises.

Jusqu'en 1835, nous avons vu l'Inde administrée par des vice-rois ou des gouverneurs généraux ; depuis cette époque, la vice-royauté a été supprimée, et c'est aujourd'hui le gouverneur général qui est devenu la première autorité politique et militaire.

Toutefois, le gouverneur général qui préside la junte financière a conservé une partie de l'ancien appareil de la vice-royauté des Indes (vice-reynado da India).

Daman et Diu son régies par des gouverneurs particuliers qui relèvent directement de lui.

Dans l'Inde, les événements politiques relatifs à l'histoire moderne sont de peu d'importance, et ont un caractère purement religieux, car ils n'ont trait qu'à la question du patronat des Indes, question qui a soulevé bien des tempêtes, nécessité de longues négociations, et qui s'est enfin résolue par le concordat de 1857, ratifié en 1860.

Les rois de Portugal avaient été investis par les souverains pontifes, Alexandre VI et Léon X, du patronat des Indes, et Paul III en avait étendu le ressort depuis le cap de Bonne-Espérance jusqu'à la Chine. Plus tard, des mésintelligences survinrent entre la cour de Rome et celle de Lisbonne, et le saint-siége qui, par la voix de Grégoire XIII, avait renoncé à rien changer aux droits du patronat, se fit soudain représenter en Asie par des missions et par des vicaires apostoliques extraordinaires qui refusèrent de se soumettre à l'autorité du siége de Goa. Telle fut l'origine de la querelle qui amena l'expulsion des jésuites, la suppression des couvents, et se continua, nous l'avons dit, jusqu'en 1857. La question d'autorité a été décidée en faveur du Portugal.

Macao était tombée entièrement sous la dépendance du gouvernement chinois, lorsque J. M. Ferreira do Amaral en fut nommé gouverneur, en 1847. Désireux de rendre au Portugal l'influence qu'il avait perdue dans ces contrées, il mit tout en œuvre pour détruire la prépondérance chinoise; malheureusement, après avoir fermé, en 1849, la douane que les autorités chinoises n'avaient pas craint d'installer à Macao à leur profit, il périt lâchement assassiné. Sa mort toutefois ne profita pas aux Chinois, qui brûlaient d'envie d'envahir le territoire. Ils en furent empêchés par l'attitude énergique des bâtiments de guerre mouillés dans la rade. L'indépendance de Macao a été d'ailleurs officiellement reconnue par une convention conclue en 1843, entre le mandarin gouverneur et le gouverneur portugais Pinto.

En 1845, le gouverneur Portugais déclara Macao port franc, et il l'ouvrit aux navires de toute nation. Cette mesure a rendu Macao un véritable entrepôt de tout le commerce étranger et a donné à sa prospérité un tel essor, que sa population, du chiffre de 35,000 âmes, en est arrivée à celui de 75,000, peu après les événements dont Canton a été le théâtre.

L'île de Timor est partagée entre un grand nombre de tribus indigènes ; cinquante d'entre elles reconnaissent la suzeraineté de la couronne portugaise, et le gouverneur de cette nation a son siége à Dilly.

Dans le groupe de Solor, trois États se soumettent aussi aux lois du Portugal; ce sont ceux de Larantuco et de Sica, dans l'île de Florès, et dans l'île de Lomblem celui de Laméquira.

Les autres petites îles voisines sont abandonnées aux Hollandais qui, par leur prépondérance dans l'archipel de la Sonde, sont, avec l'Angleterre, un redoutable obstacle à la prospérité des possessions du Portugal.

Cependant, en dépit de ces deux nations, jalouses de la fortune du Portugal et plus jalouses peut-être encore de sa gloire, ainsi qu'a pu le prouver notre récit, il est à remarquer que la domination portugaise est encore aujourd'hui parfaitement assise sur le quart du territoire que comprenait autrefois l'étendue de ses possessions. C'est peu sans doute ; mais si l'on considère les efforts prodigieux que les Portugais ont dû faire pour conserver cette partie de leur patrimoine colonial, on ne peut s'empêcher d'admirer le courage et la ténacité dont ils ont fait preuve. Contraints de céder à une force irrésistible, peut-être ont-ils l'avenir qui leur garde un dédommagement : il est permis de le penser, à propos d'une nation où patriotisme et courage sont la vertu de tous.

Toutefois, nous le répétons en finissant, le Portugal, en reprenant aujourd'hui la totalité des colonies qu'il possédait au XVIe siècle, se créerait des charges dont la lourdeur ne saurait être compensée par les avantages résultant de leur possession ; il en est cependant dont l'accroissement est pour lui désirable, et celles-là, loin d'être un fardeau, augmenteront la source de ses richesses.

Si les derniers souverains du Portugal ont fait beaucoup pour les colonies, il est permis de croire que leur condition ne peut encore que s'améliorer, maintenant que les voici placées sous l'égide d'un pouvoir jeune, ferme et sympathique à tous.

FIN

TABLE

Introduction I

I. Considérations sur l'état du Portugal avant le XVe siècle 3

II. Expéditions et découvertes antérieures a la conquête des Indes 17

III. La conquête des Indes 61

IV. Les colonies sous la domination espagnole 95

V. Les colonies sous les rois de la maison de Bragance 115

VI. Le Brésil 137

VII. Les colonies portugaises sous le règne de Sa Majesté Don Louis Ier 165